やさしい信託法

田中 和明 監修・著　伊庭 潔・後藤 出 編著

笹川 豪介・杉山 苑子・田村 直史
辻内 喬之・豊田 将之 著

日本加除出版株式会社

は し が き

　本書は、公益財団法人トラスト未来フォーラムの「やさしい信託法に関する研究会」（2021 年 12 月〜 2022 年 6 月）の成果報告として出版するものです。

　わが国の信託の財産額は、今や 1500 兆円を超える残高になっており、経済・社会に大きな影響を与えています。また、2006 年の信託法の制定を契機に、信託法や信託制度に関する書籍が数多く出版され、近年では、受託者を家族や親族とする民事信託、家族信託と呼ばれる信託に関する書籍が書店を賑わせています。しかしながら、それらの書籍は、研究者向けの専門書か、弁護士、司法書士、税理士、行政書士等アドバイザー向けのノウハウ本であり、一般の読者にとっては、なお難しくわかりづらい内容になっています。

　そこで、本書においては、上記アドバイザーはもとより、一般の読者向けにも、わかりやすく、やさしい信託、信託法の本を目指して出版したものです。一般の読者にも親しみを持っていただくために、イラストを入れたり、少し砕けた文章になっていますが、本書一冊で、信託の理論と実務の基本が理解できるようになっています。

　そのため、信託銀行や信託会社の新入社員、大学で信託法を学ばれる初学者の方々にも、是非ご購読いただければと思います。また、信託のアドバイザーを目指している方々にも、立案担当者の書籍や研究者の体系書により勉強する前に、本書により、信託と信託法のアウトラインをつかんでいただければ幸いです。

　2023 年 5 月　執筆者を代表して

田　中　和　明
伊　庭　　　潔
後　藤　　　出

目　　　次

序　章

1 はじめに

　「信託」という言葉を聞いたことがある方は多いと思いますが、その意味というと、ご存知ない方が大多数なのではないでしょうか。

信託って？

　しかし、現在、わが国全体では、この「信託」を使った金融商品が、なんと約 1,500 兆円存在しています。ということは、おのずと、信託がわが国の経済や社会に多大な影響を与えているのではないかということが推測され、そして、「よくわからないけれど、すごいものだ」ということが言えそうです。

約 1,500 兆円

　「信託」とは、ある人（委託者）が、自分の大切な人（受益者）のために、信頼できる人（受託者）に自分の財産を託して、管理や運用をしてもらうとい

1

う法制度です。

　そして、この「信託」は、ときに魔法のようなものであるといわれることがあります。それは、何か問題が生じた場合に、魔法のようにたちどころに問題を解決してくれるという意味でしょうか。いいえ、そうではないようです。このフレーズは、もともと、ある有名な学者の先生が述べられたものですが、魔法のようなものとは、信託の研究をしていくとそのとりこになってしまい没頭してしまう、魔法のような魅力があるからだということのようです。

　そういえば、私も、魔法かどうかはわかりませんが、いつのまにか信託に没頭するようになってしまいましたし、周りの人もそのようです。そして、より多くの方に信託を知っていただきたいとの思いから、みんなで、この本を書くことになってしまいました。

② 信託の起源

　信託は、先ほど述べたとおり、ある人が、自分の大切な人のために、信頼できる人に自らの財産を託すという制度ですので、私有財産がある程度認められるような状況下においては、人間の歴史において、いつの時代にも、世界のどこにでも、発生し得る制度であることから、信託の起源には、諸説があります。

　ただ、現在のわが国における信託制度は、13世紀にイギリスで慣習法として成立していたユースを起源とするといわれています。

　みなさんも世界史で習われたように、イギリスでは、11世紀から13世紀にかけて、十字軍の遠征がありました。そのため、領主階級やその家来の人たちは、国を離れて戦地に赴くことが頻繁にあり、その間、自らの領地の管理を信頼する第三者に任せて、その収益を残された家族等に給付してもらい、戦地から戻るとその領地を返還してもらうことが慣行として行われていました。これらは、ユースと呼ばれていました。

　このユースは、13世紀前半、キリスト教の宗派の1つであるフランシスコ教会という宗派がイギリスに渡来した際にも、利用されていたといわれています。

　教会の運営や僧侶の生活のためにはお金が必要ですが、当時は、それらの資金は、熱心な信者からの寄進によって賄われていることが普通でした。当時の信者は、魂の救済のために自らの土地を教会に寄進していたのです。ところが、フランシスコ教会では、貧困の誓いという教義、すなわち、教会とその教会に属する僧侶を問わず、財産を所有してはいけないという教義がありました。当時の財産といえば、土地を指します。そのため、教会や僧侶に土地を直接教会等に寄付することができませんでした。そこで、一旦、近隣の村に土地を寄付して、その土地からの収益を寄付するという方法をとっていたわけです。

さらに、14世紀に入ると、ユースの利用される局面が拡大し、長子相続制の潜脱、相続人の男子限定制の潜脱、相続時の領主特権の回避等、脱法的に利用されるようになりました。そして、このユースは、時代の変遷を経て、信頼をあらわすトラストと呼ばれる制度へと発展していったといわれています。

　これらのユース、トラストについては、当時の法や慣習からは、一見脱法的と見える行為でも、合理的な社会的必要性に基づくものであったことから、許容されていたのでしょう。すなわち、当時の信託は、脱法的だけれども、良心と衡平の精神に基づき許される、まさに、魔法のようなものであったといえるでしょう。

補足解説 ① 信託発祥のバックグラウンド

　イギリスの法体系は、ドイツやフランス等の成文法に基づく大陸法系の法制度とは異なり、中世の封建時代より、国王の裁判所の下す判決例の集積によるコモンローと呼ばれる判例法の体系が形成されていました。

　ところが、当時の封建制度や階級社会においては、コモンローでは、適切に解決できないような問題が数多く発生するようになり、そのような場合には、コモンロー裁判所に頼らずに、国王に請願して特別な裁判をしてもらうことが認められるようになりました。その後、それが慣例化して、国王は側近の僧職者である大法官にその処理を任せるようになり、大法官は、良心と衡平の精神に基づく独自の判断を行う裁判を行い、その判決例の集積から、エクイティと呼ばれる第二の法体系が形成されるようになりました。そして、このエクイティ裁判所が、信託制度の確立に重要な役割を果たすことになります。

第1編

財産の管理のための信託

　田中熊五郎さん（75歳）には、奥さんのうさ子さん（72歳）と、長男の亀吉さん（44歳）、長女の鶴子さん（40歳）がいます。熊五郎さんは、うさ子さんと亀吉さんと同居していますが、鶴子さんは、結婚して隣の県で暮らしています。

　熊五郎さんは、預金（5,000万円）、一戸建ての自宅（5,000万円）と、賃貸アパート（1億円）を持っています。また、その他にも、いろいろな財産を持っているようです。

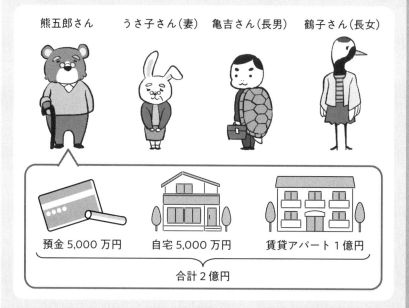

　熊五郎さんは、最近、物忘れがひどくなってきたため認知症になった場合のことが気になり始め、自分のこれからの生活資金や財産の管理が心配になってきました。

　そこで、長年お世話になっている杉山虎次郎弁護士のところへ相談に行きました。

最近孫の名前もすぐには思い出せんし、わしもそろそろヤバいかのう。こりゃそろそろ何か対策しとかんとまずいかもしれんわい

第 ① 章

信託とは

熊五郎「先生、最近物忘れがひどくて、これから先、自分のお金や不動産の管理が不安なのですが、何かいい方法はないですか。銀行の預金は、認知症の疑いがあると、なかなか引き出せないと聞くし、賃貸しているアパートについても、入居者への対応とかもできなくなると困ります。」

杉山先生「長男の亀吉君は、親孝行だし、しっかりしているから、亀吉君に財産の管理を任せたらどうかな。」

熊五郎「任せるといってもどうしたらいいんですか。本を読んでも、「代理」とか、「委任」とか、法律の話はちんぷんかんぷんだし、親子でもできる、何かいい方法があるのですか。」

杉山先生「いろいろな方法が考えられるけど、最近よく聞く「信託」を活用したらどうかな。亀吉君のように信頼できる人がいる場合には、「信託」が最適だと思うよ。」

熊五郎「信託？　何ですか、それ？」

杉山先生「あなたが、亀吉君を本当に信頼しているのであれば、まず、あなたが持っているお金や不動産を亀吉君に渡して、亀吉君の名義にするのです。そして、亀吉君に、あなたのために、渡したお金や不動産をしっかりと管理してほしいと任せる、託すのです。信託は、信じて託す。ざっくり言えば、それだけです。」

熊五郎「それだけですか。口約束でもいいのですか。」

杉山先生「法的には、口約束でもいいのですが、さすがに親子間でも、財産

のやりとりは、きちんとした方がいいので、やはり、信託契約書を作って
おいた方がいいでしょう。」

これからの財産の
管理が心配でのう

杉山先生

親孝行の亀吉君に
「信託」してみては？

第2節　信託の構造

熊五郎「信託について、もう少し詳しく教えてください。」

杉山先生「信託は、信託法という法律に基づく委託者・受託者・受益者とい
う三者の法律関係です[1]。そして、ある人（委託者）が、信頼できる人（受
託者）に、大切な人（受益者）のために、自分が持っているお金や土地など
の財産を託して、受託者は、その財産を自分の名義にした上で、受益者の
ために、一定の目的に従って、その財産の管理・処分やその目的の達成の
ために必要な行為をするという制度です[2]。」

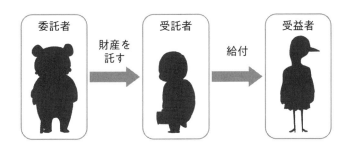

1　信託会社や信託銀行等が受託者となる場合には、信託法の他に規制法として、「信託業法」
や「金融機関の信託業務の兼営等に関する法律」さらには、「金融商品取引法」の適用を受
けます。
2　信託法2条においては、「信託」とは、次条各号に掲げる方法（信託契約、遺言、自己信
託）のいずれかにより、特定の者が一定の目的（専らその者の利益を図る目的を除きます。）
に従い財産の管理又は処分及びその他の当該目的の達成のために必要な行為をすべきもので
あることが定められています。

熊五郎「委託者、受託者、受益者の三者の法律関係だというけれど、先ほどの説明だと、私と亀吉の二人しか関権者がいないようですが。」

杉山先生「わが国においては、自分自身のために、信託をする場合が多いので、その場合は、委託者自身が受益者になります。そのため、あなたと亀吉君の二人が信託の関係者ということになります。」

熊五郎「テレビで、信託銀行へご相談くださいとか言ってたけど、信託は、個人でするものなのですか。信託銀行とかは、関係ないのですか。」

杉山先生「以前は、信託といえば、信託銀行が行っている業務だとの認識が強かったと思います。実際に、多くの人は信託銀行や信託会社に信託していますが、最近、一般の個人の方が、親族のために受託者となる民事信託（家族信託）といわれるものが増加しています。先ほどのお話は、民事信託を前提にしています。

　また、信託をする方法には、先ほどお話しした信託契約を締結する方法のほか、遺言による方法、委託者が受託者となる自己信託という三つの方法があります[3]。」

3　信託法3条

① 信託契約の締結　② 遺言による信託設定　③ 自己信託

私が死んだら、この財産で信託を……

自分の財産を自分に信託します！

第3節　信託財産

熊五郎「先生、どんなものでも、信託できるのですか？　私は、自宅や賃貸アパートの他にも、いろんな財産を持っています。株式、債券とか、趣味で集めていた骨董品とか、金貨とか、ダイヤモンドとか、私が昔に開発して取得した携帯電話の特許とか、友人に貸したお金とか、これらの財産は、信託できるのですか。最近話題の仮想通貨はどうですか。」

杉山先生「信託は、財産を管理する制度なので、金銭的な価値のあるものでないとだめですね。それから、財産を他人に渡して管理ができるものでないとだめですね。

　お金、不動産、有価証券、貴金属、美術品、債権、特許権等の知的財産権は大丈夫です。友人への貸付金も、特別な契約がなければ、債権として信託できます。仮想通貨（暗号資産）も信託できそうですね。」

熊五郎「私が奥の細道を巡った時に詠んだ俳句の句集とかは、どうですかね。自分でもいい出来栄えだと思っているのですがだめですか。また、肖像権はだめですかね。」

杉山先生「俳句集については、以前いただいて読ませていただいたことがあります。あなたの俳句は、立派なものだとは思いますが、他人に売れるようなものでなければ難しいです。それから、肖像権のような人格権は、そもそも、だめですね。また、借入れ等の債務は、消極財産という言い方もできますが、信託財産には含まれません。

　それから、今お話ししたのは、法的に信託財産にすることができるかど

うかですので、実際に信託するには、受託者にきちんと管理できる状況が整ってなければできないですね。また、信託会社や信託銀行が受託者になる場合には、信託業法等の規制を受けますので、金銭に見積もれるからといって何でもできるというわけにはいきませんね。」

金銭的な価値のあるものであれば、信託財産とすることができます。
なお、人格権や債務を信託財産としての信託を設定することはできません

補足解説 2　信託財産の範囲

　信託法では、委託者から受託者に移転された財産は、受託者の財産になります。

　委託者から移転を受けた財産を「信託財産[4]」といいますが、「信託財産」は、受託者自身の財産である「固有財産」とは分別して管理されます。

　「信託財産」として代表的なものは、お金のほか、土地、建物、株式、

4　信託法２条３項では、「「信託財産」とは、受託者に属する財産であって、信託により管理又は処分をすべき一切の財産をいう。」と定められています。

債券、債権、知的財産権等が挙げられます。「信託財産」は、例えば、委託者から受託者に移転された当初の信託財産がお金でも、受託者が信託のためにそのお金を使って株式や国債を買えば、その株式や国債は「信託財産」となります。つまり、信託財産は、当初から形を変えても信託財産となります[5]。

　したがって、受託者が、信託のためにお金を借りた場合、債務である借入れは、信託財産にはなりませんが、その借り入れたお金は、信託財産になります。

第4節　委託者

熊五郎「先生、信託は誰にでもできるのですか。私のような老人でもいいのですか。」

杉山先生「信託をする者を「委託者」といいます。委託者には、誰でもなれますが、通常、信託契約という契約を締結することになりますので、「行為能力」が必要です。行為能力というと難しくて何か資格のように思われますが、要するに、契約を単独で理解して締結できる能力ということです。熊五郎さんは、物忘れがひどい程度で、まだまだしっかりしているので、大丈夫ですよ。」

熊五郎「私が認知症になってしまった場合には、どうなるのですか。」

杉山先生「物忘れがひどい程度では問題ないと思いますが、認知症になってしまうと委託者になることができません。ですから、しっかりしているうちに、信託をすることをお勧めします。」

熊五郎「例えば、今、信託を始めて、1年後に認知症になってしまった場合は、信託はどうなるのですか。」

5　信託法16条では、信託行為において信託財産に属すべきものと定められた財産のほか、信託財産に属する財産の管理、処分、滅失、損傷その他の事由により受託者が得た財産、信託法の規定により、信託財産に属することとなった財産であることが定められています。

杉山先生「一旦、信託がスタートすると、途中で熊五郎さんが認知症になってしまっても、信託は、当初の信託契約で定めたとおりに、有効に続けることができます。」

熊五郎「会社などの法人も、委託者となって信託することができるのですか。」

杉山先生「株式会社や社団法人、財団法人等の法人も信託をすることができます。」

熊五郎「信託して、その財産が受託者のものになってしまうと、委託者の私は、信託に関して何もできなくなるのですか。」

杉山先生「委託者には、信託法で一定の権利が認められており、例えば、亀吉君の受託者としての仕事ぶりを監視したり、監督したりすることができます。また、委託者は、信託契約の定めによって、信託法であらかじめ定められた権利を拡大したり、縮小したりもできます。

　例えば、委託者が、何かあったときには、信託契約を自分の意思で、その都度変えたいというような意向を持っている場合には、信託契約にそのことをしっかりと書いておく必要があります。

　ただし、委託者の権利は、認知症になってしまうと行使できなくなりますので、委託者の意思で、その都度、信託契約を変更できるようにしておくのは、お勧めできませんね。もちろん、意思能力が欠如しないうちは、見直しができるようにしておくという考え方もあるでしょう。」

補足解説 3　委託者の権限

　「委託者」とは、信託契約、遺言、自己信託のいずれかの方法により、信託を設定する人のことです[6]。そして、委託者は、受益者とともに、一定の権限[7]を持って、受託者を監視・監督する役割を担っています。委託者の権限は、信託行為等の定めにより、拡大することも、縮小することも、さらには、なくすこともできます[8]。委託者と受益者が同一の場合は問題ありませんが、違う場合には、委託者と受益者の思惑が衝突することもあり得ますので、委託者の権限をどの程度にしておくのかは、よく検討しておく必要があります。

第5節　受益者・受益権

熊五郎「この信託は、私のために、財産を管理してもらうことを目的にしています。ということは、私が受益者になるということですよね。信託において、受益者とはどのような役割を担っているのですか。受益者には、どのような者がなれるのですか。また、受益権とは、何なのですか。」

杉山先生「信託において、「受益者」とは、「受益権」という権利を持つ者のことをいいますが、この信託の場合は、おっしゃるとおり、熊五郎さん、あなたが受益者です。委託者と受益者を兼ねることになりますが、わが国の信託においては、大半が委託者と受益者が同一のものです。

　このように委託者が受益者となる信託は、「自益信託」と呼びます。一方、委託者である自分以外の者が受益者となる信託を「他益信託」と呼びます。」

6　信託法2条4項
7　信託法36条他
8　信託法145条1項

15

【自益信託】

【他益信託】

杉山先生「次に、「受益者」が持つ「受益権」についてですが、「受益権」と
　は、二つの権利からなっています。一つは、受益者として、受託者に対し
　て、信託財産の引渡しや信託財産から金銭等の給付を受けることができる
　権利で、この信託では、熊五郎さんが生活費の給付を受ける権利です。こ
　の権利を「受益債権」といいます。もう一つは、この「受益債権」を確保
　するための一定の権利です。例えば、受託者の亀吉さんから信託の事務処
　理の状況についての報告を受ける権利などです。
　　これら二つの権利を合わせたものが、「受益権」です[9]。」

補足解説 ④ 受益者

　信託契約の定めにより「受益者となるべき者」として指定された者は、
承諾することなく当然に「受益権」を取得します[10]。民法の贈与契約の
ように、承諾は必要ないのです。
　「受益者」は、信託を設定した時点で存在していなくてもかまいませ

9　信託法2条7項
10　信託法88条1項

ん。したがって、胎児も受益者に指定することができますし、まだ胎児にすらなっていない場合でも、例えば、亀吉さんの次に生まれてくる子を「受益者となるべき者」に指定することもできます。

　また、受益者が存在しない「受益者の定めのない信託[11]」も認められています。

第6節　受託者

熊五郎「受託者には、どのような人がいいのですか。杉山先生は、長男の亀吉がいいとおっしゃいますが、妻のうさ子や長女の鶴子じゃだめですか。」

杉山先生「信託は、委託者が、受託者に対する信頼を基礎として、財産の名義までも変えて、管理を任せるものです。したがって、受託者は、その委託者の信頼に応えて、財産の管理者としての任務を果たせる人でなければなりません。長男の亀吉君、長女の鶴子さん、妻のうさ子さん、いずれも、あなたが信頼できるというのであれば、そのいずれもが、受託者の候補者ということになります。ただ、うさ子さんは、あなたと歳が変わらないから、あなたと同じぐらい認知症になる可能性があるし、あなたより先に、死亡することも考えられます。また、鶴子さんは、離れて暮らしているので、実際に受託者としての財産管理は、やりづらいのではないですか。」

誰が受託者として適切だろうか。やっぱり亀吉かのう

| 高齢 | 親孝行 | 遠方 |

11　信託法258条〜261条

熊五郎「受託者は、一人じゃないとだめなのですか。」

杉山先生「複数人でもかまいません[12]。受託者が複数の場合、受託者が相互に監視する義務を負っていますので、鶴子さんにもう一人の受託者になってもらい、亀吉さんを監視してもらうということもできますが、とりあえず、亀吉さん一人で大丈夫そうですね。」

熊五郎「受託者には、資格があるのですか。」

杉山先生「認知症になってしまった場合でも、信託法では、被後見人や被保佐人が受託者になることは禁止されていませんが、実際には難しいでしょうね。信託法で受託者になることが制限されているのは、未成年者だけです[13]。未成年者は、受託者にはなることはできません。ですから、18歳未満の人は、信託の受託者にはなれません。」

熊五郎「会社などの法人は、受託者になることができるのですか。」

杉山先生「法人でも受託者になることはできます。ただし、営業として反覆して受託者となるような場合には、信託業法という法律の規制を受けるので、一定の資格が必要となり、かつ、金融当局の認可が必要になります。現在は、信託銀行等の金融機関を除いて、信託会社しか受託者になることはできませんので、注意が必要です。」

補足解説 5　受託者が二人以上の信託の職能分担型信託

　商事信託の実務では、複数の受託者が、受託者ごとに職務を分担して、独立して信託事務を処理する場合があります。例えば、運用を目的とする信託の場合、運用裁量権を持って株式等の有価証券の運用を行う信託銀行と信託財産である有価証券の管理をする信託銀行が共同で受託するような場合です。信託法においては、このタイプの信託における効率的な信託事務処理が行えるように、信託行為に受託者の職務の分掌に関する定めを置くことができます。すなわち、信託法80条4項において、

12　受託者が二人以上ある信託については、信託法79条〜87条に定めがあります。
13　信託法7条

信託行為に受託者の職務の分掌の定めがある場合には、各受託者は、その定めに従い、信託事務の処理について決定して、これを執行するものとしています。

第 **2** 章

信託事務の遂行

　熊五郎さんは、杉山先生からのアドバイスを聞いて、希望を叶えるために、次の信託をすることにしました。

　熊五郎さんが委託者となって、自分の預金から下ろした 5,000 万円のお金と、自宅（5,000 万円）、賃貸アパート（1 億円）を、長男の亀吉さんに託して、亀吉さんが受託者として、委託者兼受益者である熊五郎さんの生活や療養のために、お金を運用したり、自宅と賃貸アパートの管理をしてもらう信託です。そして、託したお金の中から月々 30 万円を、熊五郎さんの生活と療養の資金として、熊五郎さんに給付してもらうことにしました。また、この信託は、熊五郎さんが亡くなった時に終了させて、鶴子さんにはアパートを、亀吉さんには自宅と残っているお金やその他の財産を引き継がせることにしました。

　そして、うさ子さんについては、自宅などを引き継いだ亀吉さんが面倒を見ることになりました[14]。

14　亀吉さんは、信託の受託者としてうさ子さんの面倒を見るわけではありません。信託には、家族の身の回りのことをする（身上保護といいます。）機能はないからです。この文脈は、亀吉さんが家族の一員として事実上面倒を見る、あるいは、うさ子さんについて後見制度などを利用することによって面倒を見るという意味です。

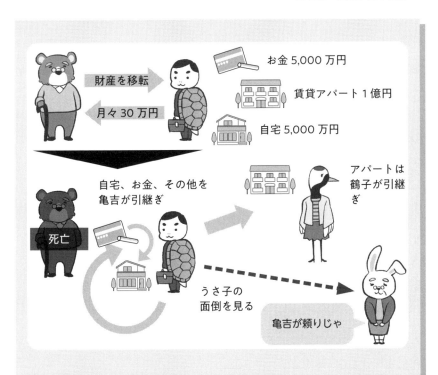

　受託者になる予定の亀吉さんは、受託者の業務について、まだわからないところがありました。そこで、亀吉さんは、仕事でお世話になっている後藤龍之介弁護士の事務所に相談に訪れました。

第1節　信託契約の締結と財産の移転

亀吉「後藤先生、親父から、信託の受託者になるように言われましたが、初めてのことで、よくわかりません。実際に、信託の受託者はどのようなことをすればよいのですか。」

後藤先生「まず、受託者となるあなたと委託者となる熊五郎さんとの間で、信託契約を締結します[15]。信託契約書は、お二人から話をよく聞いて杉山先生が作成します。」

信託契約を締結

信託契約の内容はしっかり確認してくださいね

亀吉「それから、何をするのですか。」

後藤先生「熊五郎さんが預金（5,000万円）を下ろして、あなたに送金しますので、あなたは、そのお金を定期預金にしたり、投資したりして管理、運用してください。また、熊五郎さんの自宅と賃貸アパートは、信託の受託者としてのあなた名義に変え[16]、信託財産であることを明らかにするための登記をしてください[17]。賃貸アパートについては、必要に応じて、あなたから不動産管理会社に管理を委託するということもできますよ[18]。」

15　信託法3条1号は、「特定の者との間で、当該特定の者に対し財産の譲渡、担保権の設定その他の財産の処分をする旨並びに当該特定の者が一定の目的に従い財産の管理又は処分及びその他の当該目的の達成のために必要な行為をすべき旨の契約（以下「信託契約」という。）を締結する方法」と定め、信託契約による信託の設定方法を規定しています。

16　信託も譲渡の一類型であり、その信託譲渡を第三者に対抗するには、信託を原因とした所有権移転登記をする必要があります（民法177条）。

17　信託法14条は、不動産について、「信託の登記」をしなければ、当該財産が信託財産に属することを第三者に対抗することができないと規定しています。

18　信託法28条は、信託事務の処理を第三者に委託できることを規定しています。

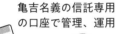

亀吉名義の信託専用
の口座で管理、運用

信託による所有権移
転登記＋信託登記

司法書士に
頼もう

第2節　信託の目的

亀吉「私はこの信託では、受託者として、何を目的にして行動すればいいの
ですか。」

後藤先生「信託法では、受託者は、受益者のために、「信託の目的[19]」と呼
ばれる一定の目的に従い行動しなければならないことになっています。
「信託の目的」は、その信託が達成しようとしている目的であり、受託者
にとって信託財産を管理又は処分等を行う際の指針となります。熊五郎さ
んの信託の場合、この信託の「信託の目的」は、「熊五郎さんの生活や療
養のために、お金を運用したり、不動産の管理をしてもらうこと」になり
ます。あなたは、この信託においては、受託者として、その目的を達成す
るために行動しなければならないということになります。」

信託目的：熊五郎さんの生活や療養のために、お金を運用したり、不動産を管理

財産を移転

月々 30 万円

お金 5,000 万円

賃貸アパート 1 億円

自宅 5,000 万円

信託の目的に従って
しっかり頑張ってくれい

19　信託法2条1項に規定されている「一定の目的」が「信託の目的」のことです。「信託の
目的」は、信託法26条本文（受託者の権限の範囲）や163条1号（信託の終了事由）にも
使用されています。

補足解説 6　信託の目的

　「信託の目的」は、信託の成立のためには絶対に必要なものであり、「信託の目的」のない信託は無効だといわれています。「信託の目的」とよく似たものとして、「信託の本旨」というものがあります。この「信託の本旨」は、受託者の義務を果たしているかどうかが問題となる場面で使われ、「信託行為の定めの背後にある委託者の合理的な意図」であるといわれています。

　また、信託法では、信託を利用して脱法行為をすることを目的とする「脱法信託[20]」、信託を利用して訴訟をすることを目的とする「訴訟信託[21]」、委託者の債権者をだまして財産を逃がすことを目的とする「詐害信託[22]」が禁止されています。

第3節　受託者の権限

亀吉「信託のために委託者である親父から渡された財産は、私の名義になるので、私が自由に使ってもよいのですか。自分のために自動車を買ったり、旅行の費用に使うことはできますか。やっぱり、だめですよね。」

後藤先生「信託した財産がいくら自分の名義になっているからといって、自分のために使うことはできません。受託者が信託でできることを「受託者の権限」といいますが、受託者は、信託された財産の管理や運用だけではなく、売却や贈与等の処分も行うことができます。しかしながら、これらの行為は、「信託の目的」の達成のために必要な行為でなければなりません[23]。

　一般に、受託者ができることは信託契約に定めていますが、信託契約に

20　信託法9条
21　信託法10条
22　信託法11条、12条
23　信託法26条本文

定められていなくても、「信託の目的」の達成のために必要な行為をすることができます。

　例えば、亀吉さんが管理している賃貸アパートの屋根が雷によって壊れてしまい、至急修理する必要があるにもかかわらず、手元に修理のためのお金がない場合には、信託契約に借入れができることが定められていなくても、銀行から必要な額のお金を借りることができます[24]。

　一方、信託されたお金の管理について、元本保証されていない投資商品で運用してほしくない場合には、信託契約に元本保証されていない金融商品への投資を禁止する定めをしておけば、亀吉さんは元本が保証されている定期預金等での運用しかできなくなります[25]。」

第4節　信託財産の処分

亀吉「親父から聞いている話なのですが、100歳になる祖父が、都心の駅近にマンションを持っていて、祖父が亡くなったら父が相続するようです。私たちが暮らしている家は駅から離れているので、祖父が亡くなったら、私たち一家はそのマンションに引っ越そうかと考えています。その場合には、親父名義になっている自宅を売ることになると思うのですが、親父が自宅を信託してしまうと売ることはできなくなるのですか。」

24　受託者は、管理行為、処分行為、債務負担行為以外にも、権利取得行為や訴訟行為などもできます。
25　信託法 26 条ただし書き

後藤先生「先ほどもお話ししましたが、信託では、信託された財産を「処分」することもできます。つまり、信託財産である自宅を売ることもできます。

　例えば、熊五郎さんが、都心のマンションに引っ越したときには自宅を売りたいと考えているのなら、あらかじめ、信託契約に熊五郎さんが都心のマンションに引っ越したことを条件に、自宅を売却することを定めておけば、希望を叶えることができます。」

亀吉「一戸建ての家を売るには、相当の月日がかかると思いますが、売却している間に、父が認知症になってしまったら、その家の売却は中止になるのですか。」

後藤先生「信託によって自宅の名義は受託者である亀吉さんに移っていますから、自宅の売主は亀吉さんということになります。信託契約に、熊五郎さんが、都心のマンションに引っ越したことを条件に、自宅を売却することを定めておけば、認知症になろうが、病気になろうが、受託者である亀吉さんは、信託事務として、自宅を売却することができます。というか、亀吉さんは、自宅の売却活動をしなければなりません。将来自宅を売却してほしいということであれば、今検討している信託契約にそのような条項を加えることができます。」

亀吉「そうですか。親父に意向を聞いてみます。」

後藤先生「わかりました。」

将来、不動産を円滑に処分できるよう、現時点でわかっていることや検討していることは、信託契約に書き加えておきましょう

第 5 節　信託の債務

亀吉「先ほどの話では、信託のために借入れができる場合があるということ
　　ですよね。信託で借り入れるとはどういうことですか。よくわかりません。
　　まさか、その借り入れたお金は、受託者である私が返さなければならない
　　ということではないでしょうね。」

後藤先生「受託者は、信託のために借入れ等の「債務[26]」を負うことができ
　　ます。その債務は、受託者が信託財産によって履行する責任を負う債務で
　　す[27]。ですから、基本的には、引渡しを受けた信託財産（金銭）から返済す
　　ればいいわけです。

　　　ただ、信託には、会社のように法人格[28]がありません。法人格のある会
　　社が借入れをした場合、借入行為をしたのは社長であっても返済義務を負
　　うのは会社であり、社長個人が当然に返済義務を負うものではありません。
　　しかし、信託の場合、借入金の返済は、受託者自身が負う債務となるため、
　　受託者は、信託財産だけでは返済しきれないような場合には、受託者自身
　　の「固有財産[29]」でも履行する責任を負うことになります。

　　　すなわち、亀吉さんは、信託のために、受託者として借入れをすること
　　ができますが、その返済は信託財産によって行い、それで足りなかった場
　　合には、亀吉さんが自分自身の財産（固有財産）を持ち出して返済しなけ
　　ればならないということです[30]。」

亀吉「受託者になると、私自身の財産でも信託の債務を返済しなければなら
　　ないことになるのですね。責任が重大だなぁ……」

26　その債務のことを「信託財産責任負担債務」といいます（信託法 2 条 9 項、21 条 1 項）。
27　信託法 2 条 9 項
28　権利・義務の主体となることができる法律上の資格のこと。
29　固有財産とは、受託者に属する財産であって、信託財産に属する財産でない一切の財産を
　　いいます（信託法 2 条 8 項）。
30　一方、この信託の債務のうち、一定のものについては、信託財産だけがその履行の責任を
　　負う債務となるものもあります。信託法 21 条 2 項では、受益債権、限定責任信託における
　　信託債権、その他この法律に規定された信託財産に属する財産のみをもってその履行の責任
　　を負うものとされる場合の信託債権、責任財産限定特約が付された信託債権、に係る債務に
　　ついては、受託者が信託財産に属する財産のみをもってその履行の責任を負う債務とされて
　　います。

融資

> 債務を信託財産だけで返済できない場合は、亀吉さんの固有財産からも支払う必要があります

第6節　受託者の義務

亀吉「受託者として行動をする際に、気をつけなければならないことはありますか。」

後藤先生「信託事務を遂行する際には、受託者として気をつけなければならないことがあります。法律的には、そのことを「受託者の義務」といいます。受託者は、信託法において定められた信託事務遂行義務、善管注意義務、忠実義務、分別管理義務、信託帳簿等の作成等、多くの義務を負います。信託契約に何も定めていなくても、受託者は当然にこれらの義務を負うことになっています。受託者は、とても大変な役割を負っているのです。」

亀吉「ええー。覚えきれないほどの義務があるのですね。受託者になるのはやめます。」

後藤先生「そう言わずに、受託者になると、「信託報酬」というお金をもらえる場合もあるので、考え直してください。そのことは、後でお話ししますが。」

亀吉「後藤先生、冗談です。頑張って、親父のために受託者をやりますよ。親孝行します。それじゃあ、「受託者の義務」について、一つずつ、わかりやすく教えてください。」

受託者の義務

> 重要なものばかり

第7節　信託事務遂行義務[31]

亀吉「受託者の信託事務遂行義務とは、どのような義務なのですか。」

後藤先生「受託者の「信託事務遂行義務」は、「信託の本旨」に従い、信託事務を処理する義務、つまり、信託事務をきちんと遂行していかなければならない義務のことです。「信託の本旨」とは、既に説明したとおり、信託契約等の「背後にある委託者の合理的意思」であるといわれています。言い換えれば、委託者が本音でその信託に求めていることとでもいうのでしょうか。そのため、受託者は、信託契約に定められたことに形式的に従っているだけでは足りず、「信託の本旨」に適合するように信託事務処理をしなければなりません。」

信託の本旨に適合
するよう遂行

第8節　善管注意義務[32]

亀吉「受託者の善管注意義務とは、どのような義務なのですか。」

後藤先生「受託者は、委託者から信頼されて受託者を任されているので、信託事務を処理するに際しては、託された信託財産を自分の財産よりも大事に管理しなければなりません。この義務を「善管注意義務」といいます。受託者は大変です。少し、つらいですね。

　　なお、信託契約に定めれば、この「善管注意義務」を軽減することはで

31　信託法 29 条 1 項
32　信託法 29 条 2 項

きるとされていますが、「善管注意義務」を全く負わないとすることはできません。」

自分の財産よりも
大事に管理

補足解説 7　善管注意義務

　信託法では、受託者は、信託事務を処理するに当たっては、「自己の財産に対するのと同一の注意[33]」では足りず、より高度な注意である「善良な管理者の注意」によってしなければならないことが定められています。これを「善管注意義務」といいますが、この注意義務は、受託者がその職業や地位にある者として通常要求される程度の注意であるといわれており、受託者が専門家である場合には、専門家として通常要求される程度の注意により、信託事務を処理しなければならないものとされています。

　したがって、プロの専門家である信託銀行や信託会社が受託者となる場合には、一般の個人が受託者となるのと比べて相当高い注意義務を負うことになります。

33　民法 659 条参照

第9節　忠実義務[34]

亀吉「受託者の「忠実義務」とは、どのような義務なのですか。」

後藤先生「受託者の「忠実義務」とは、受託者は、専ら信託財産や受益者の
利益のためにのみ行動すべきであるという義務です。受託者は、常に、自
分よりも、信託財産や受益者のことを優先しなければならないという義務
です。この点についても、受託者は大変ですね。

　信託法では、「忠実義務」から導かれる、受託者が行ってはいけない行
為として、「利益相反行為」と「競合行為」という二つの類型を定めてい
ます。」

忠実に務めます

第10節　利益相反行為の制限[35]

1 利益相反行為

亀吉「また「利益相反行為」と「競合行為」という新しい法律用語が出てき
ましたね。法律に素人の私は頭が混乱しますが、まず、「利益相反行為」
とは何ですか。教えてください。」

後藤先生「「利益相反行為」とは、受託者の利益と、信託財産や受益者の利
益が相反する行為のことで、受託者としてやってはいけない行為の一つで
す。そのため、信託法では、この行為を制限しているのです。少しややこ

34　信託法 30 条
35　信託法 31 条

しいですが、重要なことなのでよく理解してくださいね。

　「利益相反行為」は、典型的には、受託者が信託財産として管理していた不動産を自らが購入したり、借りる行為が挙げられます。売主と買主、あるいは、貸主と借主がいずれも受託者であり、受託者が自分の利益を図る危険性があるためです。また、受託者が信託財産である不動産の購入相手の代理人となって売買を行うこともこれに該当します。買主の代理人になるということは、買主と受託者の間で一定の関係があることを意味しますし、成功報酬などが約束されているときには、買主の利益を図る危険性がより高まるためです。また、受託者が複数の信託の受託者となっている場合に、上記のような取引を、自分が受託者となっている複数の信託間で行うことも「利益相反行為」になります。さらに、受託者が信託財産を担保にして、自分のために借入れを行うような行為も「利益相反行為」になります[36]。さすがに、これはだめですよね。」

亀吉「今回私が受託者となる信託についていうと、具体的には、私はどのようなことをしたらいけないのですか。」

後藤先生「例えば、亀吉さんが、熊五郎さんから信託された自宅を自らが購入するような行為が典型的な「利益相反行為」になります。また、その自宅の売買について、亀吉さんが買主の代理人になって行う場合も「利益相反行為」に該当します。売買だけではなく、亀吉さんが熊五郎さんから信託された賃貸アパートに入居することも「利益相反行為」になります。

　また、仮に、亀吉さんが、別の信託の受託者となっている場合に、その別の信託の受託者として、熊五郎さんから信託された自宅を購入する場合も「利益相反行為」になりますし、亀吉さんが高級車を購入するために、熊五郎さんから信託された自宅を担保にして銀行からお金を借りるような行為も「利益相反行為」になります。」

36　信託法31条1項各号

売主と買主など、利益が相反する立場の取引をしてはいけません

> **補足解説 8　利益相反行為の無効と取消し**
>
> 　受託者が信託財産と固有財産、又は、信託財産間で直接行う、ある財産の帰属を変えるという「利益相反行為」は無効になりますが、受益者は、事後的にその行為を認めることもできます[37]。また、第三者を介して行う「利益相反行為」の場合には、当該第三者が、「利益相反行為」がされたことを知っていたときや重大な過失によって知らなかったときには、受益者は、その行為を取り消すことができます[38]。

② 利益相反行為の制限の例外

亀吉「この「利益相反行為」は、絶対にしてはいけないのですか。」

後藤先生「一応、やってはいけない行為であるということを肝に銘じておくべきです。とはいうものの、このような「利益相反行為」のすべてについて禁止してしまうと、かえって受益者のためにならないこともあります。例えば、先ほど例に挙げた、亀吉さんが賃貸アパートに入居することについては、亀吉さんがアパートに入居しなければ、空き部屋になってしまって、受益者として熊五郎さんの受け取る収益が減ってしまう場合も考えられます。その場合には、亀吉さんの入居が受益者である熊五郎さんのためになります。

37　信託法 31 条 4 項、5 項
38　信託法 31 条 7 項

　そこで、信託法では、「利益相反行為」が許される例外が定められています。その例外の第一が、信託契約に、一定の利益相反行為をしてもよいとの定めがあるときです[39]。

　その例外の第二が、利益相反行為に関して、受益者に重要なことを説明して受益者の承認を得たときです。ただし、あらかじめ、信託契約等の定めでその行為をすることができないことが定められている場合には認められません[40]。

　それから、第三に、個人の相続や会社等の合併等によって、たまたま信託財産に属する財産に係る権利が固有財産に帰属するという利益相反状態になってしまったときです[41]。この場合は仕方ありませんので認められます。

　第四に、その行為の必要性、受益者の利益、その行為を行う正当な理由等によっては、認められる場合もあります[42]。」

亀吉「具体的には、どのような場合に利益相反行為が認められるのですか、教えてください。」

後藤先生「亀吉さんが、熊五郎さんが信託した自宅を適正な価格で購入したり、信託された賃貸アパートに他の人と同じ賃料を払って入居することが、あらかじめ、信託契約の定めにより許されている場合には認められますね[43]。また、熊五郎さんに、入居の条件等を十分に説明して承諾が得られていれば、信託契約に記載がなかったとしても、これらの利益相反行為は認められます[44]。とりあえず、この二つを覚えておいてくださいね。」

---

[39] 信託法31条2項1号
[40] 信託法31条2項2号、2項柱書ただし書き
[41] 信託法31条2項3号
[42] 信託法31条2項4号
[43] 信託法31条2項1号
[44] 信託法31条2項2号

利益相反行為も、あらかじめ、信託契約の定めで許容されていたり、受益者の承諾があればOKです

第11節　競合行為の制限[45]

1 競合行為

亀吉「次に、「競合行為」とは、どのような行為なのですか。」

後藤先生「受託者の「競合行為」とは、受託者が受益者の利益と競合するような行為を行うことです。つまり、受託者が、自らのために、信託事務として行う機会を奪って受益者の利益を害する行為のことです。」

亀吉「具体的に教えてください。」

後藤先生「例えば、亀吉さんが経営する賃貸アパートを持っているとして、新たな入居希望者がいる場合に、熊五郎さんから信託された賃貸アパートへの入居を後回しにして、自分の賃貸アパートに入居させるような行為です。」

受益者を優先しましょう

45　信託法 32 条

2 競合行為の制限の例外

亀吉「競合行為の場合も、例外が認められているのですか。」

後藤先生「競合行為についても、先ほどの利益相反行為が許される例外として紹介した信託契約等に許容される定めがあるとき[46]と、受益者に重要な事実を開示して受益者の承認を得たとき[47]、については例外としてその行為が認められています。」

補足解説 9　競合行為における介入権

　受託者が、「競合行為」を行った場合については、受益者は、第三者の利益を害さない限り、その行為を信託財産のためにされたものとみなすことができます[48]。これを「介入権」といいますが、例えば、受託者である亀吉さんが、固有財産でもって、ある人から土地を購入する売買契約を締結し、それが禁止される競合行為に該当する場合、受益者である熊五郎さんが、受託者である亀吉さんに対して介入権を行使すると、売買契約は信託財産のためになされたものとみなされ、亀吉さんが購入した土地は信託財産となります。

第12節　分別管理義務[49]

亀吉「受託者の分別管理義務とは、どのような義務なのですか。」

後藤先生「信託では、委託者の財産が受託者に移転して受託者の名義になりますが、受託者が元から持っていた固有財産や他の信託財産とは、分別して管理しなければならないとされています。これを「分別管理義務」といいます。信託法では、この分別管理の方法を財産の種類ごとに決めています。」

46　信託法 32 条 2 項 1 号
47　信託法 32 条 2 項 2 号
48　信託法 32 条 4 項
49　信託法 34 条

わかりやすく仕分け

信託財産　　　固有財産

補足解説 10　分別管理義務の方法

　信託法に定められた財産ごとの分別管理の方法は、次のとおりです。

　不動産等の信託の登記・登録の制度がある財産は、その登記・登録をすることです[50]。

　また、金、プラチナ等の動産や、株券、債券等の有価証券については、外形上区別することができる状態で保管することです[51]。例えば、受託者の固有財産とは別の金庫で保管するように、物理的な形で分別管理することです。

　これら以外のお金や債権等については、「その計算を明らかにする方法」により管理することになっています[52]。「その計算を明らかにする方法」とは、帳簿等による分別管理のことを指します。つまり、帳簿を見れば、信託財産であることが明らかになっている状態であれば、分別管理されていることになります。

　なお、この分別管理方法は信託契約により変更することができます[53]。民事信託では、お金を預金で管理する場合には、受託者に対し、信託財産を預け入れる専用の口座（「信託□□座」）によって管理するようにしていることが一般的です。

50　信託法 34 条 1 項 1 号
51　信託法 34 条 1 項 2 号イ
52　信託法 34 条 1 項 2 号ロ
53　信託法 34 条 1 項柱書ただし書き

第13節　信託の登記・登録

亀吉「信託の登記・登録の制度とは、どのような制度なのですか。」

後藤先生「信託の登記・登録とは、簡単にいえば、ある財産が信託財産である場合に、登記簿等に、信託財産であることを表示することです。その表示によって、どのような信託なのかわかる仕組みになっています。」

補足解説 11　信託の登記

　法務局で申請をすると、誰でも「不動産登記事項証明書（不動産登記簿謄本）」という書面を取得することができ、それを見ると不動産の権利の状況がわかります。例えば、その不動産の所有者が、いつ、誰から誰に売買されて変わったかとか、その不動産をいつ銀行に担保に入れたか等がわかる仕組みになっています。

　信託の登記というのは、登記記録（登記簿）に、その不動産が、どの信託の信託財産であるのか、その信託はどのような内容の信託なのかを記録するものです。

　熊五郎さんの自宅と賃貸アパートを亀吉さんに信託した際、不動産の登記記録（登記簿）には、熊五郎さんから亀吉さんへ所有者が代わることと、その変わった原因が信託であることが記載されます。同時に、「信託目録」という信託契約を要約したようなものが作られて、その登記に付加されます。

　この信託の登記があると、その不動産は信託財産であることがわかりますので、不動産の名義が受託者となっていたとしても、信託とは関係がない受託者の債権者[54]は、その不動産を差し押さえて競売にかけるなどの強制執行をすることはできません[55]。

54　その債権者の債権が信託財産責任負担債務に係る債権に基づく場合以外を指します。受託者の固有財産の債権者という言い方もできます。

55　信託法 23 条 1 項

　なお、信託の登記・登録することができない信託財産（例えば、お金）については、分別管理をしっかりとしておけば（例えば、信託口口座で管理）、基本的には、強制執行することはできません。

第14節　信託財産の独立性

亀吉「信託財産は、委託者から受託者に移転されて受託者の名義になるので、受託者の債権者が受託者の固有財産と誤解して、強制執行してしまうおそれはないのですか。例えば、私は自分の車のローンが残っているのですが、ローンが払えなくなったら、父から託された財産について、私名義に変わっているので強制執行されないでしょうか。」

後藤先生「先ほどお話ししたとおり、受託者は、信託のために借入れ等の「債務」を負うことができます。その場合には、信託の債務ですので、信託財産で返済しなければなりませんし、返済しなければ、信託財産が強制執行の対象になります。しかし、受託者の固有財産の債権者は、信託財産に対しては、強制執行等を行うことができません。これに違反してされた強制執行等に対しては、受託者又は受益者は、異議を主張することができます[56]。そのために、信託の登記・登録制度や分別管理義務があるのです。

　このように、信託財産は受託者の財産でありながら、受託者の固有財産とは別個独立のものとして扱われています。これを「信託財産の独立性」といいます。

　先ほどの車のローンについていえば、亀吉さんは信託のためにローンを組んだわけではありませんから、ローンの債権者は、信託財産を強制執行の対象とすることはできません。」

56　信託法23条5項

信託財産

信託財産への強制執行はできません

契約書

第15節　信託帳簿作成義務[57]

亀吉「受託者の帳簿作成義務とは、どのような義務なのですか。」

後藤先生「受託者は、信託事務に関する計算や信託財産や信託財産責任負担債務の状況を明らかにするために、「信託帳簿」という書類を作成しなければなりません[58]。「信託帳簿」は、分別管理義務における最低限守らなければならない管理方法でもあり[59]、信託契約で作成しないとの定めを置いても、必ず作成しなければならないものです。

　帳簿という言葉から仕訳帳・総勘定元帳などを想像するかもしれませんが、これに限られるものではなく、信託の実際の利用形態に応じて、信託契約等の趣旨に沿う適宜のものを作成すれば足りるといわれています。ですから、単純な信託であって、信託で管理しているお金の出入りがすべて通帳に記録されている場合には、通帳に使途を書き込んだものも「信託帳簿」と呼べるでしょう。とにかく、受託者は、「信託帳簿」として何らかのものを作成していなければならないということを覚えておいてくださいね。

　また、受託者は、この「信託帳簿」に基づいて貸借対照表や損益計算書などの書類を作成しなければなりません[60]。この書類についても、信託の実際の利用形態に応じて、適切な内容の書類を作成すればよいとされてい

57　信託法 37 条
58　信託法 37 条 1 項
59　信託法 34 条 1 項 2 号ロ参照
60　信託法 37 条 2 項

ます。民事信託では、貸借対照表の代わりに「財産目録」を、損益計算書の代わりに「収支計算書」を作成することが一般的です。」

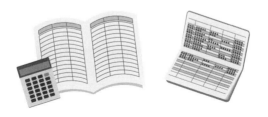

第16節　信託事務処理の第三者への委託[61]

亀吉「私は、仕事を持っていますし、病気になることも考えられます。受託者としての信託事務の処理の一部を誰か別の人に任せたり、一時期だけでも、誰かに任せるということはできるのでしょうか。

　また、信託事務の処理を第三者に任せたときに、その第三者の怠慢や失敗で、信託財産に損害を与えた場合には、受託者である私は、責任をとらなければならないのでしょうか。」

後藤先生「受託者は、委託者から信頼されて信託を受託したものの、自分一人で、すべての信託事務を処理していくことは難しいでしょうね。そのため、信託法では、信託契約等に定めがある場合、又は、信託の目的に照らして相当な場合などは、信託事務の処理を第三者に委託することができることになっています[62]。したがって、あらかじめ、信託契約に、特定の信託事務の処理を委託することと、委託する相手を定めておくことをお勧めします。

　また、「信託の目的に照らして相当である場合」とは、別の人に任せることが適当な場合のことをいいます。例えば、信託された賃貸アパートの管理については、亀吉さんが自ら直接管理するよりも、不動産管理会社に

61　信託法 28 条、35 条
62　信託法 28 条各号

任せた方がうまくいくでしょうし、お金の運用もプロの専門家に任せた方が、よりよい結果になると思います。そのような場合は、第三者に任せてもいいということになります。なお、信託事務の処理を第三者に任せるときは、受託者は、信託の目的に照らして適切な者に任せなければならず[63]、また、その第三者に対し、信託の目的の達成のために必要で適切な監督を行わなければならない義務があります[64]。信託事務処理を第三者に委託する場合の「監視・監督義務」と呼ばれる受託者の義務です。受託者は、その義務の範囲で責任を負うことになります。」

アパートの管理は任せた

受託者は選任監督責任を負います

第17節　受託者の責任[65]

亀吉「私が受託者として信託事務をするに際して、私の失敗や怠慢によって、信託財産を壊してしまったり、損失が生じた場合には、やはり、何らかの責任を負うのでしょうね。具体的には、どのような責任を負わなければならないのでしょうか。」

後藤先生「受託者が、信託事務処理をしていく中で、失敗や怠慢によって、信託財産が壊れたり、損害が生じた場合には、やはり、受託者は受益者に対して責任をとらなければなりません。信託法では、受益者は、受託者に対して、①信託財産に損失が生じた場合については、お金による損失のてん補を、②信託財産が壊れた場合等については、原状回復、つまり、元ど

63　信託法35条1項
64　信託法35条2項
65　信託法40条

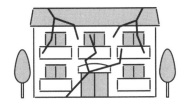

信託した不動産に
ヒビが入っとるぞ。
何とかしてくれい

おりにするように、それぞれ請求できることになっています[66]。

　ただし、②については、例えば、信託財産の管理を怠ったことにより信託財産が壊れてしまった場合に、信託財産の財産的な価値は大して減っていないにもかかわらず、物理的な性格上、元に戻すには多額の費用がかかるときなど、受託者にとってあまりにも酷である場合もあり得ます。そこで、信託財産を元に戻すことが不適当である「特別の事情があるとき」には、②に代えて①のお金による損失のてん補請求だけができるものとされています[67]。

　例えば、亀吉さんが信託された賃貸アパートには、外壁を強化するためにオーストラリア製の特殊な金属合板が使われていたところ、亀吉さんのミスにより、その金属合板の外壁を破損してしまったような場合には、原則として、オーストラリア製の特殊な金属合板を入手し、その外壁を修復しなければなりません。ところが、そのオーストラリア製の特殊な金属合板を製造していた会社が倒産してしまい、世界中のどこかに在庫があることはわかっているのですが、その金属合板が、従前の価格の10倍程度に高騰しており、一方で、同品質で同一の機能を持つ安価なアメリカの金属合板が見つかったような場合には、アメリカの金属合板の購入資金相当額のお金を信託財産にてん補し、その資金でアメリカの金属合板を使って外壁の修復を行うことになります。」

66　信託法40条1項
67　信託法40条1項柱書ただし書き

第18節　信託の費用等の償還[68]

亀吉「信託事務処理に必要な費用が発生して、受託者である私がその費用を立て替えた場合に、その立替金は、返還してもらえるのでしょうか。

　　また、返還してもらえるとすれば、どこから返還されるのでしょうか。」

後藤先生「信託事務の処理に必要な費用が発生した場合においては、その費用は、基本的には、受託者が信託財産から支出することになりますが、受託者が一時的にその費用を立て替えることもあり得ます。その場合、その費用は、信託財産から返還してもらうことができます。また、立て替えた日以後の利息も請求することもできます[69]。

　　なお、受託者の立替費用の支払先を受益者としたり、委託者とすることもできますが、その場合には、受託者は、費用を負担する受益者や委託者と個別に合意しておく必要があります[70]。」

68　信託法48条
69　信託法48条1項
70　信託法48条5項

第19節　信託報酬[71]

亀吉「受託者である私は、信託の事務処理の対価として、報酬を受け取ることができるのですか。受け取ることができるとすれば、どのようにすれば受け取れるのでしょうか。」

後藤先生「受託者が信託事務処理の対価として受け取ることができる報酬を「信託報酬」といいますが、信託においては、原則として、無報酬です。

しかしながら、信託契約等に受託者が信託財産から信託報酬を受けることができる定めがある場合には、信託報酬を受け取ることができます。

　また、信託銀行や信託会社が受託者の場合には、営業として信託の受託をしていますので、当然、信託報酬を受け取ることができることとされています[72]。」

> 報酬がある場合もありますが、家族間の信託は無報酬の場合が多いですね

71　信託法54条
72　信託法54条1項

第 3 章

受益者の保護

信託を継続していくうちに、最近、亀吉さんの熊五郎さんに対する態度が少し冷たくなってきたような気がして、熊五郎さんは、実際に認知症等になったり病気で寝たきりになったときのことがさらに心配になり、再度、杉山先生のところに相談に来ました。

第1節　受益者保護の機関

熊五郎「私が認知症になった場合のことも考えて、この信託をしたのですが、私が実際に認知症になってしまったときには、亀吉が、ちゃんと受託者として、財産を管理してくれるのか少し心配になってきました。何かいい方法は、ありませんか。」

杉山先生「そもそも、この信託は、亀吉さんが親孝行で全面的に信用できることを前提に始めたものです。しかしながら、実際に認知症等になってしまった場合には、亀吉さんが、いくら親孝行であるといっても、お父さんの財産を管理しているので、そのお父さんがものが言えないような状況になると、肉親の甘えから、つい自分のためにその財産の一部を使ってしまうことも考えられます。そのような例もなくはありません。

そのような場合に備えて、あなたのために、信託法には、受託者である亀吉さんを監視・監督するための制度があります。「信託監督人」と「受益者代理人」という制度です。

　また、この信託には関係がありませんが、受益者が胎児である場合やまだ指定されていない場合には、それらの受益者となるべき者のための保護制度として「信託管理人」の制度があります。」

亀吉がちゃんと
財産を管理して
くれるか心配
じゃわい

信託法に、受託者を
監視・監督するため
の制度が定められて
いますよ

第2節　信託監督人

熊五郎「また、新しい用語が出てきましたね。信託監督人とは、何ですか。どのような場合に必要とされて、どのような役割を担うのですか。」

杉山先生「信託法では、受益者が、高齢者、未成年者等であって、受託者を監視・監督することが難しい場合に備えて、受益者保護のために受託者を監視・監督する制度を置いています。それが、「信託監督人」です。この信託においても、将来のため、信託契約に、信託監督人を指定しておくことができます。そのためには、信託契約を変更して、信託監督人が置けるようにしなければなりません。

　信託監督人の権限については、受託者を監視・監督するために必要となることに限られています[73]。また、信託契約に定めがない場合でも、受益者が、受託者の監督を適切に行うことができない「特別の事情」がある場合、例えば、熊五郎さんが認知症になってしまったような場合には、裁判所に、信託監督人の選任を申し立てることもできます[74]。ただ、実際に申

73　信託監督人は、信託法132条1項では、受益者による受託者に対する監視・監督に関する一切の裁判上又は裁判外の行為をする権限を有しますが、信託契約等に別段の定めがあれば、その定めに従うことになっています。

74　信託法131条4項

し立てることが確約されるわけではないので、やはり信託契約で信託監督人を指定するのがよいでしょうね。

　また、現実的に受託者の亀吉さんを叱ることができるのは、親族だと奥さんのうさ子さんだけなので、うさ子さんを信託監督人にすることが考えられますが、弁護士等の専門家に任せることもできます。」

第3節　受益者代理人

熊五郎「受益者代理人とは、何なのですか。どのような場合に必要とされて、どのような役割を担うのですか。」

杉山先生「受益者代理人は、受益者に代わって受益者の権利を行使する人です。あらかじめ、信託契約に指定することによって、選任することができますが、信託監督人と異なり、原則として、裁判所が選任することはできません。

　受益者代理人は、その代理する受益者のために、裁判上の権利も含め、受託者の責任の免除を除いて、受益者の権利[75]を行使することができますが、信託契約で定めることでその権利の一部を制限することもできます。受益者代理人が選任されると、本来受益者が行使できる権利のうち、一定の権利が行使できなくなることになりますので、どの権利を受益者代理人

75　信託法139条1項では、受益者代理人は、その代理する受益者のためにその受益者の権利（信託法42条の受託者等に対する損失てん補の責任等の免除を除きます）に関する一切の裁判上又は裁判外の行為をする権限を有しますが、信託契約等に別段の定めがあれば、その定めに従うことになっています。

に任せて、どの権利を自ら持ち続けるのか、よく考える必要がありますね。」

補足解説 12　商事信託における受益者代理人の役割

受益者代理人は、民事信託においては、上記のような場合に利用されていますが、その多くは、信託銀行や信託会社が受託者となる商事信託に活用されています。

商事信託では、年金信託のように、受益者が短期間に入れ替わったり、受益者が特定していても多数である信託があります。そのような場合には、それぞれの受益者が信託や自身が受益者となっている信託について詳しくなく、自分の権利を行使することが難しいことから、受益者代理人は、受益者に代わって受益者の権利を行使するために利用されており、一方で、受託者の信託事務の円滑な処理のためにも活用されています。

例えば、受益者が多数で入れ替わりが頻繁にあるタイプの年金信託等においては、受託者が信託契約を変更しようとした場合には、受託者は、すべての受益者と交渉して信託契約の変更の手続きをとらなければなりません。しかしながら、受益者全員のための受益者代理人が選任されていると、受託者は、その受益者代理人とだけ交渉すればよいということになりますので、スムーズに信託契約の変更ができるというわけです。

第4節　信託管理人

熊五郎「ついでに、信託管理人についても教えてください。どのような場合に必要とされて、どのような役割を担うのですか。」

杉山先生「信託管理人は、例えば、胎児のように現時点では存在しない受益者[76]となるべき者に代わって、権利行使をする人です。信託契約において、選任することができます。ただし、受益者が複数指定されていて、その時点で実際に一人でも存在しているような場合には、信託管理人を選任することはできません。

　信託管理人は、そもそも受益者となるべき人が持っているすべての権利を行使できます[77]。言い換えると、信託管理人は、自分の名前で、受益者の権利に関する裁判上の権利も含めて一切の受益者の権利を行使することができます。しかしながら、信託契約でその権利の一部を制限することもできます[78]。」

将来の受益者　　信託管理人

将来の受益者のために
受益者の権利を行使す
るわ

第5節　後見制度支援信託

熊五郎「信託のいい点についていろいろと教えてもらったけど、例えば、私が、明日にでも、交通事故に遭って意識がない寝たきり状態になってし

76　信託法 123 条 1 項
77　信託法 125 条 1 項本文
78　信託法 125 条 1 項ただし書き

まったら、どうすればいいのでしょうか。」

杉山先生「心配性ですね。意識がなくなってしまっては、信託はすることは
　　　できませんからね。そうなってしまったら、財産管理は、成年後見人を選
　　　任してもらって、成年後見人にしてもらうしかないですね。」

熊五郎「その時には、私には意識がありませんが、その成年後見人は、私の
　　　財産をきちんと管理してくれるんでしょうね。その前に、そもそも成年後
　　　見人とは、何ですか。」

杉山先生「認知症になった人や交通事故で意識がなくなってしまった人のた
　　　めに、裁判所が、成年後見制度により、その人の財産の管理や身上監護を
　　　行う人を選任することができることになっていますが、その選任される人
　　　が成年後見人です[79]。」

熊五郎「へえー。裁判所が選任してくれるのですか。」

杉山先生「そうですね、実際には親族が申し立てた上で裁判所が選任するこ
　　　とが多いですが、親族の申立てができないようなケースで市町村長が申し
　　　立てるような場合もあります。後見制度には、判断能力に問題のないとき
　　　に、将来に備えてあらかじめ契約で任意に後見人を選んでおく「任意後見
　　　制度[80]」と、既に判断能力が不十分な状態にある人を支援する「法定後見
　　　制度」の2種類がありますが、いきなり、意識がない状態になってしまっ
　　　たのであれば、「法定後見制度」による成年後見人を裁判所に選任しても
　　　らうしかないですね。」

熊五郎「成年後見人は、どうやって選任されるのですか。悪い人が選任され
　　　て、財産をとられるおそれはないのですか。」

杉山先生「家庭裁判所が適任と認める者を成年後見人等に選任するので、と
　　　りあえず、安心です。」

熊五郎「とりあえず、ですか。」

杉山先生「家庭裁判所は、成年後見人は、本人の親族から選任するか、そう

79　民法858条
80　任意後見契約に関する法律1条

51

でなければ弁護士や司法書士の専門家を選任するので、とりあえず、安心
です。」

熊五郎「とりあえず、というのが気になりますね。」

杉山先生「成年後見人は、例えば、ある高齢者が認知症になってしまい、そ
の子どもが選任されることが多かったのですが、選任された成年後見人は、
自分の親の財産ということもあり、身内としての甘えから、自分のために
管理を任された財産を使ってしまうことが見受けられることもあったこと
から、「とりあえず」と言ったのです。」

熊五郎「それでは、成年後見制度を使うのは心配ですね。私の場合、亀吉が
成年後見人になってくれたら大丈夫だと思うけど……。」

杉山先生「そこで、そのような不正行為を防止する制度として、後見制度支
援信託が創設されました。」

熊五郎「後見制度支援信託とは、どのような信託なのですか。」

杉山先生「成年後見人が、被後見人の財産のうち一定の金額のお金を管理す
る場合には、家庭裁判所の指導により信託銀行等への信託の設定が求めら
れますが、この信託が後見制度支援信託です。後見制度支援信託では、信
託された金銭の中から、後見人が管理する預貯金口座に、被後見人の生活
費用などの定期的なお金の支払いや、入院費や手術費などの臨時の支出の
ためのお金が支払われます。その後見制度支援信託契約の締結や一時金の
交付、追加信託、信託の変更、解約は、全て家庭裁判所の指示書に基づい
て行われます。そのため、家庭裁判所の関与のもとで安全に被後見人の財
産を保全することができるというわけです。信託銀行等の受託者は、その
信託されたお金を、元本が保証されている信託を利用して安全に運用され
ます。」

熊五郎「そういった仕組みなら安心できますね。」

杉山先生「ようやく安心いただけたようですね、よかったです。」

【後見制度支援信託の仕組み】

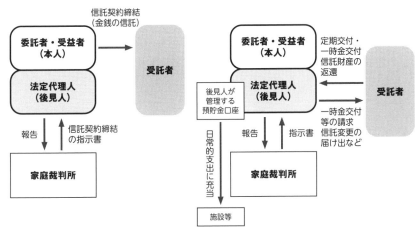

【信託契約締結時】　　　　　　　　【信託期間中・信託終了時】

後見制度支援信託が
できてから、不正の
件数はだいぶ減りま
した

補足解説 ⑬ 法定後見制度

　「法定後見制度」は、判断能力が不十分な状態にある人のために、本人やその親族等の利害関係人の請求又は職権によって、家庭裁判所が適任と認める者を成年後見人等に選任する制度です。「法定後見制度」は、三つの制度に分かれています。

　第一に、精神上の障がいにより「事理を弁識する能力を欠く常況にある者」については、家庭裁判所が、本人や親族等の請求により、後見開始の審判をして、成年後見人を選任し、被後見人の財産に関する法律行為について、全般的に代理する権限を与える後見人の制度です。第二に、

精神上の障がいにより「事理弁識能力が著しく不十分な者」についての
保佐人制度、第三に、精神上の障がいにより「事理弁識能力が不十分な
者」についての補助人の制度があります。

　いずれの事務を遂行する場合でも、本人の意思を尊重しなければなら
ない「本人意思尊重義務」とその心身の状態及び生活の状況に配慮しな
ければならない「身上配慮義務」を負っています。

第 **4** 章

信託と任意後見

　熊五郎さんは、将来自宅で生活ができなくなり、施設入所が必要となった場合に入りたい施設があります。

第1節 **任意後見とは**

熊五郎「私は、今は元気なので自宅で生活をしていますが、認知症などになって自分で身の回りのことができなくなった場合には、家族に介護の負担をかけたくないと思っています。」

杉山先生「熊五郎さんは、ご家族思いなのですね。」

熊五郎「はい。ちょうど、自宅の近所に介護付有料老人ホームがあり、先日、見学に行ってきました。アットホームな雰囲気で、介護も手厚くしてくれるという説明を受け、施設入所が必要となった場合は、このホームに入所したいと考えています。ただ、施設の担当者から、後見制度というものの

55

利用を勧められました。よくわからないのですが、事前に何か準備をして
おかなければいけないのでしょうか。」

後見制度を準備
してくださいね

何をしておけばよ
いのだろうか？

杉山先生「担当者が言われたのは、おそらく任意後見のことですね[81]。簡単
にいうと、施設に入所する際、熊五郎さんに代わって入所手続きをしてく
れる人を事前に選んでおいてくださいということです。」

熊五郎「どうして、その任意後見が必要なのですか。」

杉山先生「熊五郎さんが認知症を発症した場合、施設に入所する頃には、ご
自身で入所契約を締結するだけの判断能力がなくなっている可能性があり
ます。毎月いくらの費用を支払って、どんなサービスを受けられるのかわ
からないまま契約書にサインをしてしまっては、熊五郎さんにとっても施
設にとってもリスクが生じます。そこで、熊五郎さんが適切に判断できな
くなってしまった場合に、熊五郎さんに代わって施設の入所契約などをす
る人（任意後見人といいます。）をあらかじめ決めておく制度が任意後見で
す。」

施設の方は、入所契約
などをする「任意後見
人」を決めておいてほ
しいのでしょうね

熊五郎「わかりました。施設入所をする場合には、必ず任意後見人を選んで
おかなければならないのですか。」

81　任意後見については、任意後見契約に関する法律に規定されている。

杉山先生「施設入所をする際に熊五郎さんの判断能力がしっかりしているのであれば、ご自分で入所の適否を判断できますので必要ありません。ただ、それは入所のタイミングになってみないとわからないところです。」

熊五郎「そうですね。いつ施設に入所しなければならなくなるか、わかりませんからね。」

杉山先生「また、熊五郎さんに十分な判断能力がなかったとしても、ご家族が代わりに手続きをとることを施設側が認めてくれることもあります。しかし、本来、熊五郎さん自身のことを勝手に家族が決めることはできないはずですので、法律的には問題がないわけではありません。今回見学に行かれたホームでは、この点を気にされ、きちんと法律的な権限を持った人に契約を締結してもらいたいと言っているのです。このきちんと法律的な権限を持った人が任意後見人ということです。」

熊五郎「わかりました。具体的には、どうやって任意後見人を選ぶのですか。」

杉山先生「熊五郎さんと、任意後見人を引き受けてくれる人との間で、任意後見契約という契約を結びます。任意後見契約は公正証書で作成する必要があります[82]。」

熊五郎「任意後見契約を結ぶと、任意後見人に任せることになるのですか。まだ私は元気なので、今はまだ、身の回りのことは自分でやりたいのですが。」

杉山先生「いえいえ。任意後見人は、判断能力が低下してしまった人の代わ
　　りに法律的な手続きを行う人のことです。ですから、任意後見人としての
　　仕事が始まるのは、熊五郎さんの判断能力が低下した後です。具体的には、
　　家庭裁判所に申立てをして、任意後見人を監督する任意後見監督人が選任
　　された時に始まります[83]。任意後見人は、施設に入所する際の契約のほか、
　　熊五郎さんの財産を管理したりもします。」

本人の判断能力低下後、申立てを受け、裁判所が
任意後見監督人を選任することで、任意後見が開始

家庭裁判所　　　選任　　　任意後見監督人　　　監督　　　任意後見開始

熊五郎「そうですか。安心しました。ところで、施設入所契約のほか、財産
　　の管理も任せられるのですか。なんだか信託と似ていますね。」

杉山先生「そうですね。財産を管理するという点に関しては、信託も任意後
　　見も似たような制度といえると思います。」

熊五郎「ちょうど亀吉には信託を使って自宅や賃貸アパートの管理を任せて
　　います。任意後見という聞いたことのない制度を使うのではなく、今ある
　　信託契約書に「施設入所契約についても亀吉に依頼する」と追加しておけ
　　ばよいのではないでしょうか。私は、亀吉を信頼しており、施設入所のタ
　　イミングも亀吉に委ねますから、まさに、信じて託す、ですよね。」

杉山先生「お気持ちはわかりますが、残念ながら信託では対応できないので
　　す。信託は熊五郎さんが持っている財産を亀吉さんに託し、亀吉さんは
　　「託された財産」を管理処分するという制度です。信託された財産、つま

83　任意後見契約に関する法律2条1号参照

り亀吉さん名義に変更された財産が管理の対象ですから、信託していない熊五郎さん名義の財産を処分することはできません。

　また、熊五郎さんが施設に入所したり、介護保険を申請したりする際に、亀吉さんが代わりに手続きをすることもできません。つまり、信託は便利な制度ではあるものの限界があるのです。熊五郎さんの身の回りに関する契約や、名義を変えないまま熊五郎さんの財産を亀吉さんに管理してもらおうとするならば、任意後見を利用することになります。」

信託受託者の亀吉に全部やってもらえんもんかのう

信託は託された財産を管理処分する制度であり、受託者が施設入所や介護保険の申請手続きまでをすることはできません

熊五郎「そうなんですか。信託と任意後見は似たような制度のようですが、できることが異なっているのですね。しっかり理解しておく必要がありますね。」

第2節　信託と任意後見の使い分けや併用

熊五郎「施設の担当者が任意後見を勧めてきた意味はわかりました。ところで、任意後見を使うと、私の財産を亀吉に管理してもらうことができるのですよね。そうすると、先ほどと言うことが逆になりますが、私は、信託ではなく、すべて任意後見に一本化しておけばよかったのでしょうか。」

杉山先生「そうとも言い切れません。信託と任意後見には次のような違いがあります。まず、先ほど説明した施設入所の件です。任意後見の場合は、熊五郎さんに代わって任意後見人が入所契約をしたり、福祉サービスの契約をしたりすることができます。これを「身上保護」といいますが、信託にはこの機能がありません。」

熊五郎「わかりました。亀吉が私に代わって施設の入所契約や福祉サービス

契約を締結するには、任意後見を利用しなければならないですね。」

杉山先生「はい。これに対し、財産管理については、任意後見でも信託でも行うことができます。ただ、一口に財産管理といっても、任意後見の場合、熊五郎さんの財産は熊五郎さん名義のままですが、信託の場合は亀吉さん名義に変更されます。信託した財産は、熊五郎さんの財産ではなくなるということです。そうすると、熊五郎さんが怪しい業者から高額な商品の購入を勧められたとしても、熊五郎さんのお金をだまし取られるということはなくなりますから、信託の方がより安全といえるでしょう。」

信託はなしで財産管理は全部任意後見に一本化した方がええんかいのう

例えば、詐欺防止の観点では、名義変更を伴う信託の方が安全性は高いですね。他にも信託には便利な点が多くあります

熊五郎「財産の名義が亀吉に変わることには少し不安があったのですが、亀吉の名義に変わることによって、かえって、私が守られるという面もあるのですね。」

杉山先生「はい、そのとおりです。次に、亀吉さんが財産管理を始める時期が異なります。信託の場合は、通常、信託契約を締結した時から亀吉さんが信託財産の管理を始めます。これに対し、任意後見の場合は、熊五郎さんの判断能力が低下するまでは熊五郎さん自身が財産を管理し、判断能力が低下した後に亀吉さんに管理を委ねるのが基本です。」

熊五郎「任意後見の場合には、契約を結ぶだけでは十分ではなく、先ほど教えてもらったとおり、任意後見監督人を選任する必要があるのでしたよね。」

杉山先生「熊五郎さん、よく理解されていますね。おっしゃるとおり、監督人の有無という点にも違いがあります[84]。また、このほか信託と任意後見では管理できる財産にも違いがあります。任意後見の場合には財産の限定

はありませんが、信託の場合は信託できない財産が存在します。信託をするということは財産を受託者に譲渡するということですが、法律上、他人に譲渡することが禁止されている財産があるのです。」

熊五郎「具体的には、信託できない財産には、どのようなものがあるのですか。」

杉山先生「例えば、年金は本人だけが受け取れるものであり、年金受給権を第三者に譲渡することは禁止されています。そのため、年金受給権を信託して受託者が年金を管理するということはできないのです。年金の管理をしてほしいということだとすると任意後見が選択肢となります。また、農地も信託ができない財産の代表格です。」

熊五郎「私の場合は、金銭、自宅や賃貸アパートを亀吉に信託したので問題がなかったのですね。」

杉山先生「はい。それから、財産の管理方法についても違いがあります。任意後見の場合、財産を管理する任意後見人が投資運用をしたり、新たな借入れをすることは難しいといわれています。これに対し、信託の場合は、積極的な資産活用などが信託の目的となっている場合には、問題なく行うことが可能です。借入れをしながら積極的に投資用マンションを購入したり、既存の賃貸アパートの建て替えや大規模修繕に備えるといった需要がある場合には、信託の利用が適しているといえるでしょう。」

熊五郎「そうすると、任意後見より信託の方がいろんなことができるのですね。」

杉山先生「そうですね。その特徴から、信託には柔軟性があるなどといわれています。さらに、財産承継についても違いがあります。任意後見の場合は、任意後見人は熊五郎さんの財産を管理するわけですが、熊五郎さんが亡くなった時点で任意後見は終了し、熊五郎さんの相続人に財産を引き継ぐことになります。熊五郎さんが遺言を残している場合は遺言に従って、

84　信託行為に定めることにより信託の場合も信託監督人や受益者代理人といった受託者を監督する機構を置くことができる。

残していない場合は相続人間で遺産分割協議を行って熊五郎さんの遺産を分けることになります。」

熊五郎「私は法律に詳しくないのですが、要するに、任意後見の場合には普通の相続手続を行うということでしょうか。」

杉山先生「そのとおりです。これに対し、信託の場合は、熊五郎さんが亡くなったからといって終了するとは限りません。信託から利益を受ける人を受益者といいますが、受益者を複数選んでおけば、当初受益者である熊五郎さんが亡くなった後には、後継受益者が信託財産から生活費などを受け取ることも可能です。次世代だけでなく次々世代の承継先を指定することもでき、これは信託ならではの特徴です。」

熊五郎「これも、信託の柔軟性ということですか。」

杉山先生「熊五郎さんは、理解が早いですね。最後に、裁判所による関与の違いがあります。任意後見の場合は、先ほど説明したように、裁判所が選任する任意後見監督人という専門職が必ず関与して、任意後見人の事務処理を監督します。これに対し、信託の場合はほとんど裁判所が関与することはありません。」

熊五郎「裁判所の関与がない信託の方が気が楽のような気がしますが、裁判所の監督がある任意後見の方が安心な気もします。」

杉山先生「そうですね。信託にも任意後見にも一長一短があると考えてください。このように、信託と任意後見は、重なる部分もありつつも、使える場面が異なることもありますので、熊五郎さんの希望に沿った制度を選択することが大切です。」

信託の方が気が楽じゃが、裁判所の監督がある任意後見の方が安心な気もするのう

信託にも任意後見にも一長一短があります

熊五郎「なるほど。私は自分で自宅や賃貸アパートの管理をすることに不安
　　を感じていましたし、賃貸アパートの管理をしていく上では借入れをする
　　こともあるでしょうから、亀吉に受託者になってもらったのはよかったで
　　す。しかし、先ほどの説明では将来私が認知症になった場合、信託を使っ
　　て施設入所の手続きを亀吉がすることはできないのですよね。」

杉山「そうですね。ですから、既に利用されている信託に加え、任意後見を
　　併用してもよいと思います。任意後見契約を締結しておくことで、将来、
　　熊五郎さんの判断能力が低下してしまった場合に、亀吉さんが熊五郎さん
　　の身の回りのことに関する手続きを行ってくれるでしょう。熊五郎さんは
　　主要な財産を信託していますから、残った財産の管理はそれほど負担では
　　ないとは思いますが、そうはいっても今後も年金収入が入ってきますので、
　　年金口座など信託に入れなかった財産の管理について、任意後見を使って
　　亀吉さんに管理をお願いしてもいいですね。」

熊五郎「わかりました。信託と任意後見を一緒に利用すると、より多くのこ
　　とを亀吉に任せることができるのですね。早速、亀吉と任意後見のことを
　　相談したいと思います。これで、私の老後も安泰ですね。」

第 5 章

信託の変更等

　亀吉さんは、この信託の長い期間の間、受託者として活動していく上で、いろいろなことが想定されるので、そのような場合に、当初の信託契約だけに従っていては、状況に応じた対応ができないのではないかと考えるようになり、再度、後藤先生の事務所に相談に来ました。

当初の信託契約にずっと従うしかないのか、教えてください

信託法に様々な定めがあります

第1節　信託の変更

亀吉「これから先、親父が本当に認知症になって介護施設に入るかもしれないし、病気で手術や入院することも考えられます。この信託では、親父には、生活費を想定して月々 30 万円の給付をしていますが、何かあったときには、増額することはできるのでしょうか。できるとすれば、どのようにすればよいのでしょうか。」

後藤先生「例えば、熊五郎さんが病気になって、病院で手術をして入院することになり、手術費用として一時金で 100 万円と入院費 20 万円がかかる

ような場合、給付額を増額したり、一時金を給付することはできます。

　信託法には、「信託の変更」の制度があり、信託契約も変更することができます。この信託の場合、信託契約を変更することにより、給付額を増額したり、一時金を給付することはできます。ただ、そうすると必要が生じる都度、信託契約を変更する必要があって手間がかかりますので、受託者であるあなたの判断で、必要な額を適宜給付するように変更することもできます。

　その信託契約の変更方法は、変更後の信託契約の内容を明らかにして、原則として[85]、委託者、受託者、受益者の合意によってすることができます。つまり、この信託の場合には、委託者の熊五郎さんは、受益者でもありますので、熊五郎さんと受託者である亀吉さんの間で、信託契約の変更について合意すれば変更できます。

　なお、裁判所に申し立てて裁判所の命令により信託の変更をする制度もあります[86]。また、あらかじめ信託の変更を想定して、信託契約に変更方法を定めておき、その方法で変更することもできます。

　この信託ではあまり想定されませんが、信託の変更以外にも、複数の信託を一つにする「信託の併合」や一つの信託を複数の信託に分割する「信託の分割」の制度もあります[87]。」

change

柔軟に対応できるといいな

85　信託法 149 条 2 項では、関係当事者の利害に配意しながら、例外規定を置いています。

86　信託法 150 条では、裁判所は、信託行為の当時予見することのできなかった特別の事情により、「信託事務の処理の方法」に係る信託行為の定めが信託の目的及び信託財産の状況その他の事情に照らして受益者の利益に適合しなくなるに至ったときは、委託者、受託者又は受益者の申立てにより、信託の変更を命ずることができることが定められています。

87　信託の併合は信託法 151 条〜 154 条、信託法 155 条〜 162 条を参照してください。

第 2 節　受託者の変更

1　受託者の任務の終了

亀吉「受託者である私も生身の人間ですので、認知症になったり、重い病気になって受託者としての任務が果たせなくなってしまうことが考えられます。さらに、親父より先に死んでしまうこともあり得ます。そのような場合には、信託はどうなるのでしょうか。」

後藤先生「信託は、信託財産を中心とする法制度であり、受託者は単なる管理・処分を行う機関にすぎません。そのため、原則として、受託者の死亡等により、信託は終了しない制度になっています。信託法には、信託の終了以外に、「受託者の任務の終了」という制度があります。

　つまり、受託者は、①受託者である個人が死亡した場合、②受託者である個人が認知症等によって後見開始や保佐開始の審判を受けた場合、③受託者が破産した場合、④受託者である法人が解散した場合、⑤受託者が辞任した場合、⑥受託者が解任された場合、⑦信託契約等に定めた事由が発生した場合に、受託者の任務が終了することになっています[88]。

　この信託では、あなたは、お父さんの熊五郎さんより若いですが、人間ですので先に死亡する場合もあり得ます。また、認知症になって成年後見制度の対象になることもあり得ます。

　このような場合には、あなたの受託者としての任務は終了することになります。つまり、受託者でなくなることになっています。

　あなたが、重い病気になって受託者の任務が果たせないような場合には、「受託者の辞任」の制度があり、あなたは、委託者と受益者である熊五郎さんの同意を得て、受託者を辞任することができます[89]。また、信託契約で、あらかじめ辞任の方法を定めておくこともできます[90]。さらに、やむ

88　信託法 56 条
89　信託法 57 条 1 項本文
90　信託法 57 条 1 項ただし書き

を得ない事情がある場合には、裁判所に申し立てて、裁判所の許可を受けて辞任する方法もあります[91]。なお、受託者を解任する制度[92]もあります。」

「受託者の任務の終了」と「信託の終了」は違いますので注意ください

2 新受託者の選任

亀吉「例えば、受託者である私が死亡して任務が終了した場合、受託者はどうなるのですか。」

後藤先生「例えば、受託者であるあなたが死亡して受託者の任務が終了すると、新しい受託者が選任されることになっています。その方法は、まず、①信託契約等に新受託者の選任についての定めがあれば、その定めに従うことになります。そして、信託契約等にその定めがないときには、委託者と受益者の合意によって、新受託者を選任することができることになっています[93]。それでも、新受託者が選任できない場合には、②裁判所に申し立てて新受託者の選任をしてもらうことになります[94]。以上の方法によっても、信託受託者が選任されずに 1 年継続した場合には、信託は終了します[95]。」

亀吉「では、信託契約に定めておくのが安心そうですね。少し考えてみて、親父に相談してみます。」

91　信託法 57 条 2 項
92　信託法 58 条
93　信託法 62 条 1 項
94　信託法 62 条 4 項
95　信託法 163 条 3 号

後藤先生「はい、もし信託契約等に定めることになったらまたご相談ください。」

第 6 章

信託の終了・清算

亀吉「最後に、この信託は、どのような場合に終了するのでしょうか。」

後藤先生「信託法には、いろいろな信託の終了事由[96]が定められています。

　信託は、基本的には、信託の目的が達成した場合又は信託目的が達成できなかった場合に終了しますが、実務上は、信託契約等によって定めた事由が発生した場合に終了することが大半です。

　この信託では、信託契約において、委託者兼受益者の熊五郎さんが死亡した時に終了することが定められていますので、熊五郎さんが亡くなった時に信託は終了します。

　また、委託者と受益者が合意すれば、いつでも、信託を終了することができますので、委託者兼受益者の熊五郎さんは、いつでも信託を終了することができます[97]。ただし、信託契約で、制限しておくこともできます[98]。さらに、信託契約締結当時に予見することのできなかった特別の事情が生じた場合には、裁判所に申し立てて信託を終了させる方法もあります[99]。」

96　信託法 163 条にいろいろな終了事由が定められています。
97　信託法 164 条 1 項
98　信託法 164 条 3 項
99　信託法 165 条

例えば、受益者の死亡後の受益権の承継先を指定しておけば、信託を継続することもできます

第2節　信託の清算

亀吉「信託は、終了したらどうなるのですか。信託財産は、誰のものになるのですか。」

後藤先生「信託が終了した場合には、信託は、一定の場合を除き、「清算」の手続きに入ります[100]。会社等の法人の清算と似たようなものですね。つまり、信託が終了すると、受託者であるあなたが「清算受託者」となって、まず、その信託の信託事務をやめます。そして、信託における債権の取立てと債務の弁済を行い、受益者に受益債務を弁済し、その残りの財産（これを「残余財産」といいます。）を「帰属権利者」と呼ばれる人に引き渡します[101]。また、受益者として残余財産を受け取る場合もあり、その者を「残余財産受益者」といいます。

　この信託の場合には、信託契約で、信託の終了時には、鶴子さんには賃貸アパートを、亀吉さんには家と信託に残っているお金を、それぞれ引き継ぐことになっていますので、この二人が「帰属権利者」となり、それぞれの財産を受け取ります。

　そして、これらの財産は、相続財産から除かれることになっていますので、残りの財産が、法定相続分に応じた形で引き継がれることになります。」

100　信託法 175 条
101　信託法 177 条

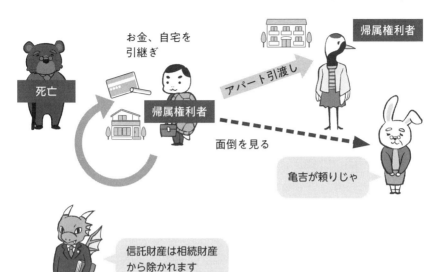

第2編

財産の承継のための信託

　豊田シカ雄さん（75歳）には、奥さんのリス子さん（65歳）と、長男のウシ太さん（44歳）と、結婚した長女の辻内カラス美さん（40歳）がいますが、ウシ太さんとカラス美さんは、死亡した先妻との間の子どもです。そして、シカ雄さんとリス子さんとの間には、子どもはいませんが、ウシ太さんとカラス美さんはいずれも、リス子さんの養子にはなっていません。

　また、ウシ太さんには、一人娘の長女ウナギ奈さん（15歳）がおり、シカ雄さんは、このウナギ奈さんが、かわいくて仕方ありません。

　なお、シカ雄さんは、小さいながらも精密部品メーカーである精密部品製造株式会社の創業者で、かなりの資産家でもあり、現在もオーナー社長として活躍しています。また、その会社は、最近開発した電子部品の販売が好調で、その企業価値は今後何倍にも上がっていきそうな状況です。

　シカ雄さんは、歳をとるにつれて、もともと病弱な奥さんのリス子さんの生活について心配になり、古い友人で焼肉仲間の弁護士の笹川イノシシ介先生のところに相談に行きました。

病弱な妻の老後が心配で……

シカ雄さん

ご心配ですよね。高齢のご夫妻にとって、考慮すべきポイントと対策をお伝えします

笹川先生

リス子さん

第 1 章

遺言代用信託

シカ雄「私も、そろそろいい歳になってきましたが、最近、財産の管理や相続について、いろいろなことを考えるようになりました。最近物忘れが多くなったこともそうですが、今、特に心配なのは、私が死んだ後の妻リス子の生活のことです。私が元気なうちは、一緒に暮らしているので、特に問題はないと思っていますが、私が死んだ後は、誰がリス子の生活費等の面倒を見てくれるのか心配です。長男のウシ太は、性格もよく親切な子なのですが、リス子の実の子ではありませんので、ウシ太に、リス子の生活費の面倒を見てやってくれとは言いにくい状況です。何かよい方法はないですか。」

笹川先生「何もしなくても相続であなたの財産の２分の１はリス子さんに承継されるのですが、その時にはリス子さんもご高齢の可能性もあり、承継した財産を適切に管理できるか不安が残りますよね。最近、高齢者の財産の管理や相続の相談が多いのですが、私は、「信託」をお勧めしています。」

シカ雄「信託、それは何ですか。」

笹川先生「信託とは、信託法という法律に基づき、ある人（委託者）が、信頼できる人（受託者）に、大切な人（受益者）のために、自分が持っているお金や土地などの財産を渡して、受託者は、受益者のために、一定の目的に従って、その財産の管理・処分やその目的の達成のために必要な行為をする制度です。」

シカ雄「それで、私は、どうすればよいのですか。」

笹川先生「あなたが委託者となって、信頼できる人を受託者にして、あなたが持っている財産、例えば、お金、国債、株式、不動産などを渡して、その受託者にその財産を管理してもらったり、運用してもらい、あなたが亡くなった後は、リス子さんの生活費を給付してもらうような信託をすることをお勧めします。」

シカ雄「えー。私が生きているうちに、私の財産を渡してしまう？」

笹川先生「そう、財産を渡して、しかも、その受託者の名義にする必要があります。したがって、受託者は、本当に信頼できる人でないとだめです。」

シカ雄「じゃあ、先生が受託者になってくださいよ。」

笹川先生「私が受託者になると、財産が全部飲み代になってしまうかもしれませんよ（笑）。これは冗談ですが、私が受託者となると、営業上の行為とみなされて、信託業法という法律の規制を受けるおそれがあります。適用された場合、受託者は株式会社でなければなりませんし、金融当局の免許や登録も受けなければなりません[1]。したがって、私が受託者になるこ

1　信託業法3条、7条1項

とは勘弁してください。

　信託銀行や信託会社に任せるという方法はあります。その方がいいかもしれませんが、あなたには、長男のウシ太君という立派なお子さんがいるので、ウシ太君が信頼できるのであれば、ウシ太君を受託者にされたらどうですか。」

シカ雄「ウシ太は親孝行で、私は全幅の信頼を寄せています。リス子との仲も問題ありません。それでは、ウシ太に受託者になってもらうことにします。」

笹川先生「信託としては、リス子さんと一緒に暮らしているので、あなたが生きているうちは、あなたを第一受益者としておき、あなたが死亡したときに、第二受益者としてリス子さんが生活費の給付を受けることができる「遺言代用信託」という信託を活用することをお勧めします。」

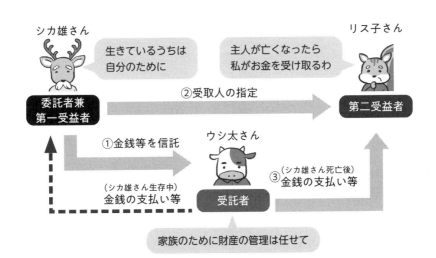

シカ雄「それでは、遺言代用信託について、わかりやすく説明してください。」

笹川先生「遺言代用信託は、簡単にいえば、遺言の代用となる信託のことですが、財産承継という機能のほかに、財産の管理という機能を持っていま

す。つまり、遺言は自分が死んだ後の財産の承継先しか決められませんが、信託によれば、これに加え、自分が生きている間からその財産の管理についても他の人に託すことができるという点に一つのメリットがあります。

　今回でいえば、まずあなたが生きているうちは、更なる高齢化に伴う判断能力の低下に備えて、受託者であるウシ太君に、お金や国債、株式等を管理・運用してもらったり、住居や賃貸用の不動産等を管理してもらい、第一受益者として毎月一定額の生活費等の給付をしてもらう。次にあなたが死亡した後も、あなたが信託した財産は、ウシ太君が引き続き管理・運用することとし、妻のリス子さんが第二受益者としてあなたの権利を引き継げるようにしておくと、リス子さんは、生活費等の給付を受けることができます。

　また、あなたが遺言により、あなた名義の預金の一定額をリス子さんに承継した場合、あなたの死後、預金の名義人ではないリス子さんが銀行から預金を下ろそうとすると、預金の承継を巡り銀行からいろいろな手続きを求められますが、信託を行えば、あなたの死後も、財産の名義はウシ太君から変更はないわけですから、ウシ太君は預金を下ろすことに特段の追加の手続きはなく、リス子さんはよりスムーズにお金を得られるようになるはずです。」

補足解説 14　遺言代用信託の委託者の権利

　信託法では、遺言代用信託という信託は条文上出てきませんが、①委託者の死亡の時に受益者となるべき者として指定された者が受益権を取得する旨の定めのある信託、又は、②委託者の死亡の時以後に受益者が信託財産に係る給付を受ける旨の定めのある信託のことを「遺言代用信託」と呼びます。この二つのタイプの信託の委託者は、受益者を変更することができることが定められており[2]、その変更方法として、委託者の遺言によることもできます[3]。

　さらに、①委託者の死亡の時に受益者となるべき者として指定された者が受益権を取得する旨の定めのある信託においては、委託者が生存中は、受益者が存在しないため、②委託者の死亡の時以後に受益者が信託財産に係る給付を受ける旨の定めのある信託においては、委託者が生存中は、受益者としての権利がないものとされていますので、委託者は、いずれの場合でも受託者との合意のみで、信託契約の変更をすることもできます。

2　信託法 90 条 1 項
3　信託法 89 条 2 項

第 2 章

後継ぎ遺贈型受益者連続信託

シカ雄「笹川先生、リス子の生活のために信託を活用することがいいことは、よくわかりましたが、まだ、心配なことがあります。」

笹川先生「何ですか？」

シカ雄「信託によって、リス子に財産が引き継がれると、ウシ太とカラス美はリス子の養子にはなっていませんので、リス子が死亡したときに、リス子に引き継がれた財産は、相続によってリス子の親族に引き継がれますよね。

そうすると、リス子にはリス次郎という弟がいるので、私の財産は、最終的には、その弟のリス次郎のところに引き継がれることになるのではないでしょうか。

やはり、私としては、リス子の生活費の確保が第一に必要なことですが、最終的に残った財産は、私の実の子であるウシ太とカラス美に継がせたいのです。」

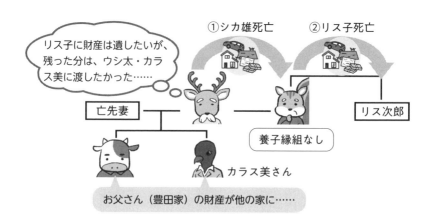

笹川先生「例えば、遺言であれば、遺言書にリス子さんに全財産を遺贈すると書けば、あなたの財産は、リス子さんに引き継がれ、リス子さんが死んだときには、おっしゃるとおり、リス子さんの弟のリス次郎さんに引き継がれます。しかしながら、信託の場合には、最終的に、ウシ太君とカラス美さんに財産を残すことができます。弁護士仲間でも、このことは、あまり知られていません。」

シカ雄「そんなことができるのですか。」

笹川先生「後継ぎ遺贈型受益者連続信託という信託を活用すればできますよ。」

シカ雄「また、難しい名前の信託が出てきましたね。何ですかそれ。どうすればいいのですか。」

笹川先生「先ほど説明した遺言代用信託の第３受益者として、ウシ太君とカラス美さんを指定すれば済みます。」

シカ雄「それだけでいいのですか。」

笹川先生「信託契約に、あなたが委託者兼第１受益者となり、あなたが死亡したときの第二受益者をリス子さんに、リス子さんが死亡したときの第三受益者をウシ太君とカラス美さんに指定しておけば、その順番で財産が引き継がれることになります。お望みであれば、その次の第四受益者として、お孫さんのウナギ奈さんを指定しておくこともできますよ。

　なお、あなたが信託をした財産そのものは、受託者のウシ太さんのものとなっており、あなたが死んだときに相続の対象にはならないため、リス子さんには承継されません。一方で、受益者が持つ受益権が相続の対象になりますが、第一受益権は第一受益者の死亡により、第二受益権は第二受益者の死亡により消滅するとしておくことで、これら受益権も相続の対象から除くことができます。」

リス子が死んだ先のことも
決められるのはありがたい

家族が不仲になら
なくて済んだわ

父が自分たちの
ことも気にかけ
てくれたのが嬉
しい

**受託者兼
第一受益者**

②受取人の指定

あらかじめ、
…次世代へと
受益者を、
指定可能！

第二受益者　**第三受益者**

①
金銭等を
信託

受託者

（シカ雄さん
死亡後）
③金銭の
支払い等

（リス子さん
死亡後）
④金銭の
支払い等

（シカ雄さん生存中）
金銭の支払い等

補足解説 15　**後継ぎ遺贈型受益者連続信託の効力**

　信託法では、後継ぎ遺贈型受益者連続信託という名前の信託はありま
せんが、一般に、受益者の死亡により、その受益者の受益権が消滅し、
他の者が新たな受益権を取得する旨の定めのある信託のことを「後継ぎ
遺贈型受益者連続信託」と呼んでいます。

　民法では、遺言によって、例えば、自分が死んだときに、財産を長男
に引き継がせ、長男が死んだときにはその長男に引き継がせる後継ぎ遺
贈というのは、認められていません。

　しかしながら、「後継ぎ遺贈型受益者連続信託」では、それができる
のです。ただし、この信託でも、ずっと代々続けるというわけにはいき
ません。信託がされた時から30年を経過した時以後に、受益者となっ
た者が死ぬまでの期間だけに限定して認められているのです[4]。

4　信託法91条

第 3 章

事業承継のための信託（自己信託）

シカ雄「先生、私が経営している会社のことでも、相談があります。いいですか。」

笹川先生「会社のことですが、相談料は、お安くしときます（笑）。どんなことですか。」

シカ雄「私は、精密部品メーカーの「精密部品製造株式会社」という会社の創業者で、現在もその会社の株式の 100％を持つオーナー社長です。将来は、現在専務をやらせている長男のウシ太に経営を任せたいと考えていますが、今のうちに何か手を打っておかないと、いろいろな問題が起こりそうです。例えば、私が今すぐに死んだ場合、妻のリス子、長男のウシ太、長女のカラス美の三人が法定相続人となりますので、精密部品製造株式会社の株式は、その法定相続の割合で、引き継ぐことになります。つまり、長男のウシ太には、25％の株式しか引き継がれませんので、いくら身内間の問題とはいえ、その会社の経営はやりにくくなるでしょう。」

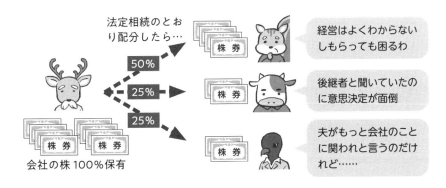

法定相続のとおり配分したら…

会社の株 100％保有

50%

25%

25%

経営はよくわからないしもらっても困るわ

後継者と聞いていたのに意思決定が面倒

夫がもっと会社のことに関われと言うのだけれど……

笹川先生「長男のウシ太君が会社の議決権のすべてを掌握できるようにしたいということですか。」

シカ雄「そうですね。そのため、私が保有しているその全株式を今のうちに譲るということも考えられます。ただ、私はまだ元気ですし、自慢じゃないですが今の精密部品製造株式会社は、私でもっているようなものだと思っています。そのため、今すぐに、長男のウシ太に引き継がせるのは、時期尚早だと思ってもいます。」

笹川先生「問題はそれだけですか。」

シカ雄「もう一つあります。それは、税金の問題です。実は、現在、精密部品製造株式会社の電子部品の販売が絶好調で、海外への販路も拡大しつつあり、今後の企業価値は、間違いなく上がっていくと考えています。私はいつ死ぬか、また、いつ社長ができない体になるかわかりませんが、あと10年程度は、社長をやれそうです。とすると、私が死んでウシ太が株式を相続する頃には、企業価値、つまり、株式の価値が今の何倍にもなっており、相続税が大変な額になるのではないかと心配です。この点についても、何かいい方法はないですか。」

笹川先生「なかなか難しくて専門的な相談ですね。この相談料は、お高いですよ（笑）。冗談です。この問題も、信託を活用するという方法があります。」

シカ雄「また、信託ですか。信託ってすごいですね。」

笹川先生「あなたは、精密部品製造株式会社の株式を委託者となって、自己信託という方法であなた自身を受託者とし、受益者をウシ太君とする信託をすればいいのです。」

私は信託の効果を使い、自分を委託者・受託者とする自己信託を行います

シカ雄「何を言っているのか、よくわかりません。自己信託!!　何ですかそれ。自分自身に信託する、そんなことできるのですか。」

笹川先生「委託者が受託者となるのは、イギリスやアメリカでは普通に使われている信託の設定方法です。わが国においては、強制執行の免脱等いろいろな弊害が考えられるので、旧信託法下では禁止されていましたが、現在の信託法の下では、一定の要式の下で認められているのです。」

シカ雄「それでは、私は、どうすればいいのか具体的に教えてください。」

笹川先生「あなたは、委託者となって、精密部品製造株式会社の株式を、自分自身を受託者として信託します。自分自身に信託するので、信託契約は締結されませんが、公正証書等で信託の内容を定めておく必要があります。そして、自己信託の場合、財産の名義は、委託者と受託者が同一人なので変わりません。そして、受益者をウシ太君とすることにより、その信託の受益権、つまり、財産としての権利は、ウシ太君に引き継がれることになります。リス子さんやカラス美さんにも、配当を受け取らせたいのであれば、受益権を三つに分けて、交付しておくことができますよ。」

シカ雄「税金の問題はどうなるのですか。」

笹川先生「税金の問題としては、委託者が自分とは異なる者を受益者とする場合には、「みなし贈与」といって、その受益権の額が贈与されたものとみなされることになっています。

　つまり、この信託を実施すると、その時点で精密部品製造株式会社の株式とほぼ同じ価格が贈与されたものとみなされることになり、贈与が行われたのと同じ贈与税を納税することになります。

　ところが、その額は、信託された時の株式の価格で計算されますので、その株式が将来何倍にも値上がりする場合の納税額と比較すると、わずかな額で済むことになります。」

シカ雄「会社の経営権、すなわち、会社の議決権は、どうなるのですか。」

笹川先生「この信託をした場合、受託者はあなた自身ですので、その会社の株式の名義は、あなたのままです。つまり、その会社の株式の議決権は、依然、あなたが100％持っていることになり、対外的には、オーナーを続

けることになります。また、信託契約の定めによって、議決権の行使についての指図権を、条件付きで、あらかじめ、ウシ太君に持たせておくこともできますし、あなたが死亡した時に付与することにしておくこともできます。」

シカ雄「信託をした後に、私が死んだらどうなるのですか。」

笹川先生「信託契約の定めで、あなたが死亡した時にその信託が終了するようにしておけば、例えば、あなたが突然死んだとしても、既に、株式を信託財産とする信託の受益権がウシ太君のものになっていますので、信託が終了して、ウシ太君が、自動的にこの会社の株式の100％を取得することができます。そして、ウシ太君は、形式的にも、実質的にも、オーナー経営者になることができます。」

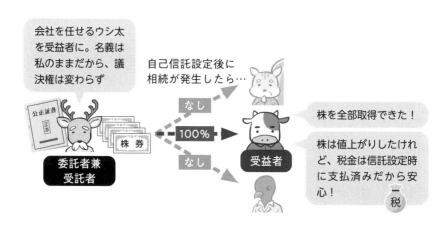

補足解説 16　自己信託

　信託の設定方法には、信託契約を締結する方法、遺言によってする方法と自己信託による方法の三つがあります[5]。

　自己信託は、以前は信託宣言と呼ばれ、自分自身が受託者となって、

5　信託法3条

　ある人を受益者として、信託を設定するものです。自分自身に信託を設定するので、他の方式とは違って、財産を他人に移転することはしません。そのため、自分の財産の中で、信託にする財産を他の財産と分別して管理することにより始めます。

　信託の設定を自分が委託者と受託者となってするので、外部の第三者からは、いつ信託が設定されたのかがわからないために、資産隠しや脱税等に悪用されるおそれがあります。

　そのため、公正証書や確定日付のある証書の作成等の要式を整えることにより、いつ信託が設定されたのかがわかるようにしています。公正証書や確定日付のある証書の作成等により、自己信託の効力は発生します[6]。

6　信託法4条3項

第 4 章

ペットの信託（受益者の定めのない信託）

シカ雄「先生、もう一つ、心配なことがあります。」

笹川先生「もう一つ、何ですか？　相談料は、おまけにしますよ（笑）。」

シカ雄「実は、私にはかわいがっている2歳の子どもがいるのです。今は同居しています。」

笹川先生「えー！　隠し子がいるのですか？」

シカ雄「違いますよ。柴犬のぽんぽんのことです。」

笹川先生「ペットのことですね。それで、どうしました？」

シカ雄「最近、年のせいか足が弱くなってきて、ぽんぽんとの散歩がきついのです。リス子もウシ太も、ぽんぽんは大好きなのですが、最近、犬アレルギーになってしまい近づくのもつらいようです。そのため、私が死んでしまったら、誰が面倒を見てくれるのか心配です。」

笹川先生「それでは、この件も解決策として信託を活用してみましょう。」

シカ雄「信託って何でもできるのですね。ただ、犬は、人間のように人権がないから、さすがに、受益者にはなれないのでしょう。」

笹川先生「犬は、受益者となれませんが、信託財産とすることはできます。「受益者の定めのない信託」を活用します。「受益者の定めのない信託」は、「目的信託」ともいわれ、通常の信託とは違い、簡単にいえば、受益者がいない目的だけの信託といえます。」

シカ雄「これも、ますます、わかりませんが。」

笹川先生「つまり、柴犬のぽんぽんは、法的には、あなたが所有する動産ですので、あなたは、ぽんぽんを信頼できる人に託して、その人を受託者として、ぽんぽんの面倒を見てもらうことになります。」

「受益者の定めのない信託」を利用したいところですが……

僕は動産だワン

委託者　　　　ぽんぽん（動産）を信託　　　　受託者

シカ雄「受益者がいませんが、いいのですか。」

笹川先生「わが国の信託法では、受益者がいない目的だけの「受益者の定めのない信託」も認められているのです。ただ、現在のところ、「受益者の定めのない信託」の受託者となるには、法人でなければだめですし、いろいろな制約があり、残念なことに現在ではまだ使われていないようです。

　そこで、その制約がある間は、便宜的な対応策として、あなたが委託者となり、ウシ太さんを受託者として、ぽんぽんの世話をする者を受益者、すなわち、委託者を第一受益者、委託者が死亡したときは、ウシ太さんを第二受益者とする遺言代用信託をするのです。そして、ぽんぽんが生きている間に必要な額のお金を信託財産とする信託とします。

　したがって、この信託の場合は、基本的には、ぽんぽんの生活のためのお金を管理する信託となります。そして、ぽんぽんの面倒を見てくれる人に受益者になってもらい、ぽんぽんの生活の必要に応じて受益者にお金を給付します。ただ、ウシ太さんは、犬アレルギーで直接ぽんぽんの世話ができないでしょうから、ウシ太さんが業者にぽんぽんの世話を委託し、給付を受けたお金の中からその費用を支払うことになります。」

現状は、「遺言代用信託」を活用

このお金で僕の大好きなドッグフードを買ってね

DOG FOOD

このお金で、最期までぽんぽんの世話をするぞ

委託者兼
第一受益者　　　金銭を信託　　　受託者兼
　　　　　　　　　　　　　　　　　　第二受益者

第 5 章

教育資金、結婚子育て資金の生前贈与

初孫が産まれ、色めき立つ田中家。父方の祖父の田中ワニ宗さんは、気が早いと思いつつも、孫のカエル也の成長のために何かできることはないかと考えていました。「寝る子は育つというし、まずは高級ベッドを買おう。すぐに大きくなるし、早すぎるということはないだろう。」と、妻のカバ枝さんに伝えたところ、「おみゃーまだ気が早いで。たわけが。」と諫められてしまいました。そこで、普段、取引のある、ゆっくりじっくり信託銀行の田村ネコ史さんに相談することにしました。

田村氏「田中さま、本日はどのようなご用件でしょうか？」

カバ枝「初孫ができたんで爺さまが舞い上がってしまっとるんだで。いろいろと援助をしようと話をしとるんだけどもよ、二人だけで考えてもろくなこともなかろうし、何か、注意することはないかのう。」

ワニ宗「妻に諫められてしまって、何かアドバイスとかあるかな。」

田村氏「この度はおめでとうございます。今回、産まれたのはどちらのお子さまのご家庭でしょうか？」

カバ枝「長女の子ども。長男は結婚もしとらんわ。」

田村氏「承知いたしました。ご相談いただく上で注意いただきたいのが、「ご長女さまのご意思」と「タイミング」です。まず、援助は、ご長女さまのお気持ちを確認してから行うことが大切です。せっかくの援助なのに、快く受け入れてもらえなかったという話はよく耳にします。」

ワニ宗「タダでもらえるのだから全部嬉しいとは限らないのだね。」

田村氏「援助の中身のすれ違いもそうですが、援助そのものを迷惑に思うようなご夫婦もいらっしゃいますので、ここはしっかりとご相談いただければと存じます。また、タイミングですが、「必要なときに、必要な援助ができるのか」ということが重要です。」

ワニ宗「自分達の都合のよいタイミングでなく、娘たちの都合優先で考えるべきだということかな。」

田村氏「そのとおりです。ただし、まだお孫さまは産まれたばかりで、これから長い時間をかけて成長されます。例えば、大学卒業までなら 22 年を要しますが、今の段階で具体的な支援の場面や金額のイメージを持てますでしょうか？」

カバ枝「今の教育環境は娘たちを育ててた頃とは違うしょ、ようわからんわ。」

田村氏「援助したいとのお気持ちを具体的な金額で形にしながら、ご長女さまたちが必要な時期に使える長期の信託があります。」

カバ枝「そんな方法があるんか？　爺さま、おみゃーもよう聞いとかんかい。」

田村氏「お孫さまの教育資金を援助するということであれば、「教育資金贈与信託」という仕組みがあります。まず、ワニ宗さまが委託者としてお孫さまを援助したい金額を受託者である信託銀行に預け入れます。信託銀行は受託者として、ワニ宗さまの「お孫さまの教育資金のために使ってほしい。」という目的に沿って資金を管理します。」

カバ枝「この信託は爺さまに何かがあっても続くんかいのう？」

田村氏「はい。この信託が設定されれば、旦那さまに万が一のことがあって
も、教育費の払出しで資金が尽きたり、お孫さまが30歳になったりしな
い限り、続きます。」

ワニ宗「でも、幼い孫がどうやって資金を受け取るんだい？」

田村氏「ご安心ください。受益者であるお孫さまが未成年の場合は親御さま
が代わりに受託者である信託銀行に申し出ることができます。具体的には、
所定の申告書と、適宜、領収書等を添付することで、教育資金を受け取る
ことができます。」

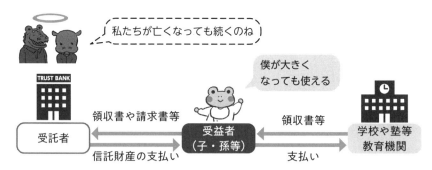

カバ枝「ちゃんと支払いの領収書なども確認してくれるんか。ほいだら変な
もんにも使われなさそうじゃ。」

田村氏「国が定めた一定の要件に該当するこの信託は、贈与税が非課税とな
ります。領収書などの中身も、受託者である信託銀行が確認しますので、
お孫さまの教育資金のために資金を援助したいというワニ宗さまの想いを、

お孫さまが成長されるまでサポートします。」

ワニ宗「もう少し具体的な話を聞きたいが、どのような注意事項があるのかな。」

田村氏「こちらの信託は、税制改正の度に制度が更新されているのですが、少しずつ変更もされていますので、注意が必要です。2022年9月時点での代表的な注意点はこちらです。」

- 贈与をする方（委託者）は個人の方であること（複数名でも申込可能）
- 贈与を受ける方（受益者）は30歳未満の個人の方であること
- 受益者さま一人あたり、1,500万円までの設定であること（塾や習い事などの学校等以外へのお支払いは500万円まで）
- 契約できるのは一つの信託銀行等に限られること
- 信託を設定する日又は信託財産を追加する日の前年におけるお孫さま等（受益者）の合計所得金額が1,000万円以下であること
- 教育資金として使われなかった資金については贈与税が課税されること
- 一度契約すると解約ができないこと（贈与した方（委託者）に資金を戻すことはできません。）

ワニ宗「また制度が変わる前に、早めに設定しておいた方がよいのかな。」

田村氏「ご自身の万が一や、最近だと認知症になるのが怖いという理由で、早めに設定される方もいらっしゃいます。ただし、焦りすぎは禁物です。」

カバ枝「どういうことじゃ？」

田村氏「はい。今後、ご長女さまに何人お子さまが産まれるかもわかりません。一人目のお孫さまに多く贈与をしすぎて、お孫さま間で不平等が生じた場合に、後で困ることもあります。」

カバ枝「それは喧嘩になるのう。」

田村氏「さらに、ご長男が結婚されてお孫さまが産まれるかもしれません。」

ワニ宗「確かに。」

田村氏「この信託は、後で資金を追加することもできますので、計画的に活

用する視点も大切です。また、今は教育資金の話をしましたが、結婚や子育てを支援する仕組みもございます。」

カバ枝「そんなんもあるんか。実は、あのたわけの長男も婚約しとるんだで。」

田村氏「結婚・妊娠・出産・子育てに必要な資金を信託する「結婚・子育て支援信託」という商品なのですが、大まかな流れは、「教育資金贈与信託」と同じで、このような流れでご長男を支援することができます。」

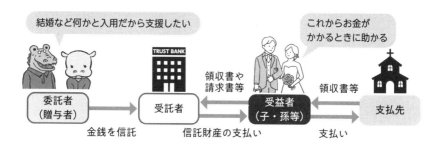

カバ枝「あのたわけはろくに貯金もしとらんし、これは考えたいのう。」

田村氏「2022年9月時点での代表的な注意点はこちらです。」

- 贈与をする方（委託者）は個人の方であること（複数名でも申込可能）
- 贈与を受ける方（受益者）は18歳以上50歳未満の個人の方であること
- 受益者さま一人あたり、1,000万円までの設定であること（結婚に関する費用（婚礼・家賃等）へのお支払いは300万円まで）
- 契約できるのは一つの信託銀行等に限られること
- 信託を設定する日又は信託財産を追加する日の前年におけるお孫さま等（受益者）の合計所得金額が1,000万円以下であること
- 結婚・出産・子育てに関する資金として使われなかった資金については、贈与税が課税されること
- 一度契約すると解約ができないこと（贈与した方（委託者）に資金を戻すことができません。）

ワニ宗「子供や孫の支援に適した様々な贈与のための信託があるのがよくわかったよ。」

第 6 章

特定障害者扶養信託

障がいを持つ高校生の息子・トラ吾さんを持つ、父の笹川サル平さんと母のゾウ子さんは、最近事故に遭いました。「もし、私たち二人がいなくなったら、トラ吾はどうなるんだろう。」と将来のことが不安になりました。もっと先のことと思っていた二人ですが、このことをきっかけに様々な制度を調べることに。そこで、特定障害者扶養信託（以下、「特定贈与信託」）を知り、笹川家のご夫婦は、ゆっくりじっくり信託銀行の田村ネコ史さんに相談することにしました。

田村氏「笹川さま、本日はどのようなご用件でしょうか？」
サル平「1人息子に障がいがあるのですが、将来のことを考えると心配になりまして、調べてみたら特定贈与信託という制度を見つけまして、どういったものなのか教えていただけないでしょうか。」
ゾウ子「私たち二人に何かあっても心配ないようにしておきたいんです。」

ゾウ子さん　サル平さん

私たちにもしものことがあったときのことが心配で……

承知しました。
ご子息さまの将来を
考えた対策をお伝え
します

田村氏

トラ吾さん

田村氏「承知しました。お調べいただいたとおり、特定贈与信託は、障がいをお持ちの方の生活の安定を支える信託です。具体的には、ご両親などが、信託銀行などに財産を信託し、その財産を信託銀行が管理・運用し、障がいをお持ちの方の生活費や医療費、施設利用料などとして定期的に金銭を交付します。」

ゾウ子「私たちが生きている間だけなの？」

田村氏「たとえご両親が亡くなられても、障がいをお持ちの受益者がお亡くなりになるまで、一生涯にわたって信託銀行等が財産を管理します。」

サル平「それは心強いね。利用にあたって、何か注意することはあるかな？」

田村氏「贈与を受ける対象となる方は、重度の心身障がい者や、中程度の知的障がい者、障害等級二級又は三級の精神障がい者などです。また、税金面での優遇もあります。」

ゾウ子「利用できそうね。どんな優遇があるの？」

田村氏「特別障がい者の方については6,000万円、特別障がい者以外の方については3,000万円を限度として贈与税が非課税になります。」

特別障がい者とは、障がいをお持ちの方のうち、以下のような重度の障がいのある方

- 身体障害者手帳に身体上の障がいの程度が一級又は二級と記載されている方
- 精神障害者保健福祉手帳に障害等級が一級と記載されている方
- 重度の知的障がい者と判定された方
- いつも病床にいて、複雑な介護を受けなければならない方　など

サル平「あと、うちは、先祖から受け継いだ不動産があるのだけど、不動産でも信託できるのかな？」

田村氏「不動産なども対象になりますが、信託銀行等によって取扱いの範囲が異なるので、ご利用予定の信託銀行等にご確認ください。」

ゾウ子「ありがとう。あと、こんなことは考えたくないのだけれど、息子に

万一のことがあったら、信託した資金はどうなるのかしら。」

田村氏「信託設定した時点で、受益者であるお子さまの相続財産とみなされます。ご結婚をされていなければ、相続人は、ご両親になります。また、ご両親が他界されていれば、お子さまにご兄弟がいらっしゃらない場合、その残った財産の帰属先として、ボランティア・障がい者団体や、社会福祉施設等を指定しておくこともできます。」

サル平「私たち家族に万一のことがあった後も、資産を活かすことができるのはよいですね。検討してみます。」

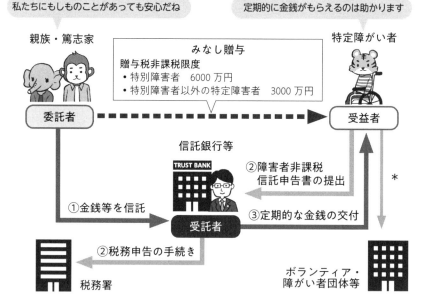

＊受益者が亡くなった場合は、ボランティア・障がい者団体や社会福祉施設等に残った財産を寄付して他の障がい者のために活用することもできます。

第 7 章

公益信託

通貨の代わりに牛丼を使った決済システム「牛丼コイン」を発明した田中ダチョウ乃介社長は、これまで築いてきた財産を社会のために役立てたいと考えています。田中社長は牛を中心とした畜産に関心が高く、畜産教育の振興に貢献したいと考えていますが、いったいどうやって貢献したらよいのかわかりません。そこで、田中社長は取引金融機関であるゆっくりじっくり信託銀行の田村ネコ史さんに相談することにしました。

田村氏「田中社長、本日はどのようなご用件でしょうか？」

田中社長「吾輩もそろそろ社会のために財産を役立てたいと思ってのう。」

社会貢献ですか

できることがあるのに
何もしないのは
一番の罪だからね

田村氏 　　　　　　　　　　　　田中社長

田村氏「どういう分野にご関心をお持ちでしょうか？」

田中社長「牛肉が好きでのう。日本人がこれからもおいしい牛肉を食べ続けられるよう、畜産教育に貢献したいと考えておる。」

田村氏「では、海外でも有名な、辻内畜産大学への支援などはいかがでしょうか？」

田中社長「おお、そりゃええのう。あそこの恰幅のいい辻内学長から紹介してもらった焼肉屋は絶品じゃった。具体的にはどうしたらええんかのう。」

田村氏「様々な方法がありまして、田中社長のお考え次第です。まず、時期についてですが、生前のご寄付か、お亡くなりになった後の遺贈だと、どちらがお気持ちに近いでしょうか。」

田中社長「ゆくゆくは遺贈もしたいのじゃが、やはり元気なうちから支援に取り組みたいのう。」

田村氏「かしこまりました。生前のご寄付にもいろいろな方法がありまして、今すぐドンと大学にまとまった金額を直接寄付する方法もあれば、一定金額の資金をどこかにプールして長期的に支援していくやり方もありますが。」

田中社長「ふむふむ。一度にドンも目立ってええが、長い目で見ていきたいのう。そういえば、大学というと、実は吾輩は家が貧しくて、学生の頃は働きながら勉強してどえらい苦労したのじゃ。牛肉を初めて食べたのは大学を出てからになるわい。」

田村氏「そういうことでしたら、辻内畜産大学の優秀な学生さんに毎年奨学金をお出しになってはいかがでしょうか？　奨学金に田中社長のお名前を付けたりもできます。」

田中社長「そりゃえ、名前は「牛丼コイン田中記念奨学金」にしようかのう。しかし、吾輩には誰が優秀な学生さんなのかようわからんし、毎年奨学金を出す事務作業も結構手間がかかりそうじゃが。」

田村氏「田中社長ご本人が作業されるのではなく、そうした事務作業も担う器として、「公益財団法人」を設立するか、「公益信託」を設定しましょ

う。」

田中社長「なるほどのう。しかしどっちがええのかようわからんが。」

田村氏「公益財団法人はその名のとおり法人なので、法人登記や事務所の設置が必要です。一方、公益信託は、信託銀行などの受託者に財産を託していただいて設定するもので、法人登記や事務所は不要です。また、公益信託の方が比較的少額で設定できます。」

田中社長「ほうほう。吾輩の会社も自宅も牛丼だらけで足の踏み場もないので公益信託がよさそうじゃのう。簡単にできそうじゃ。」

田村氏「はい。公益信託なら専任の職員を置く必要もありません。ただし、公益信託の設定には主務官庁の許可が必要です。学術や慈善活動の支援など、「公益信託ニ関スル法律」に定められた公益要件を満たすものだけが認められるというわけです。」

田中社長「許可が得られないとどうなるのじゃ。」

田村氏「税制上、「受益者等が存しない信託[7]」という扱いになりますので、設定した金額に受贈益としてどえらい税金がかかります。逆にいうと、公益信託として許可されると、税が優遇されます。設定時の受贈益課税はありません。」

田中社長「えらい違いじゃのう。優秀な学生さんをどう選定するのかなど、詳しく教えてくれんか。」

田村氏「かしこまりました。公益信託では、受託者に対し、奨学金給付先などの「助成先の推薦」や「重要事項に関する助言、勧告」を行う運営委員会を設置するのが一般的です。例えば、がんの治療研究のための公益信託では、受託者も医学のことはよくわからないため、専門家で構成する運営委員会を置いています。奨学金の給付であれば、学校関係者や専門家等で構成する運営委員会を設置することになるでしょう。」

7　信託は利益を得る受益者に課税するのが原則（受益者等課税信託）ですが、信託設定時に受益者がいない信託は、受託者に法人税が課される場合があります。例えば、公益信託以外の、学生支援や復興支援のための信託は、支援したい分野や目的は定まっていますが、信託設定時点では具体的な給付先である受益者が定まっていないため、受託者に課税されます。

田中社長「ほう、そりゃ安心じゃのう。」

田村氏「公益信託の設定手順などの仕組みは以下のとおりです。」

① お客さま（委託者）と信託銀行等（受託者）との間で、公益目的の具体的な選定、その目的達成のための方法、公益信託契約書の内容などについて、あらかじめ綿密な打合せを行います。

② 受託者となる信託銀行等は、公益信託の引受けの許可につき、主務官庁に申請します。

③ 主務官庁は、これを審査の上、許可します。

④ 許可を受けた後、お客さまと信託銀行等との間で、「公益信託契約」を締結します。

⑤ 主務官庁は、所管の公益信託の監督を行うほか、公益信託の事務処理につき検査をし、受託者に対して必要な処分を命ずることができます。

⑥ 信託管理人は、受託者の職務のうち重要な事項について承認を与えます。

⑦ 運営委員会等は、公益目的の円滑な遂行のため、受託者の諮問により、助成先の推薦及び公益信託の事業の遂行について助言・勧告を行います。

⑧ 受託者は、運営委員会等の助言・勧告に基づき、その公益信託の目的に沿った助成先に助成金を交付します。

⑨ 受託者は、公益信託の計算期間ごとに信託管理人に信託財産状況報告書を提出します。

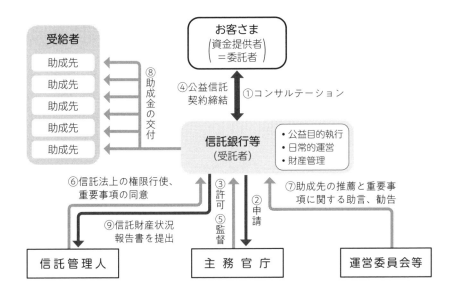

田中社長「公益信託の仕組みの中にある信託管理人とは何じゃ？」

田村氏「公益信託には受益者がいませんので、将来の助成先のために、受託者の監視・監督等と、公益信託における重要事項の承認を行います。」

田中社長「ほうほう、未来の学生さんも安心じゃのう。」

田村氏「なお、一定の要件を満たした公益信託である、「特定公益信託」、「認定特定公益信託」は、寄付金控除等の適用を受けることができます。」

特定公益信託	以下の一定の要件を満たし、主務大臣の証明を受けた公益信託をいいます。 ① 信託終了の時における信託財産がその委託者に帰属しないこと ② 信託契約は、合意による終了ができないものであること ③ 出捐する財産が金銭に限られていること　等
認定特定公益信託	特定公益信託のうち、以下の要件を満たしていることについて主務大臣の認定を受けた信託をいいます。特定公益信託とは異なり、出捐者に対して税法上の優遇措置があります（所得控除、損金算入）。認定特定公益信託への個人の拠出については、寄付金控除が認められ、また、相続税が非課税とされています。なお、設定の有効期間は5年とされており、信託銀行等は5年ごとに認定の申請をしなければなりません。 ① 科学技術（自然科学に係るものに限ります。）に関する試験研究を行う者に対する助成金の支給 ② 人文科学の諸領域について優れた研究を行う者に対する助成金の支給 ③ 学校（学校教育法1条）における教育に対する助成 ④ 学生又は生徒に対する学資の支給又は貸与 ⑤ 芸術の普及向上に関する業務 ⑥ 文化財（文化財保護法2条1項）の保存及び活用に関する業務（助成金の支給に限ります。）を行うこと ⑦ 開発途上にある海外の地域に対する経済協力（技術協力を含みます。）に資する資金の贈与 ⑧ 自然環境の保全のため野生動植物の保護繁殖に関する業務を行うことを主たる目的とする法人で、当該業務に関し国又は地方公共団体の委託を受けているもの（これに準ずるものとして財務省令で定めるものを含みます。）に対する助成金の支給 ⑨ 優れた自然環境の保全のため、その自然環境の保存及び活用に関する業務（助成金の支給に限ります。）を行うこと ⑩ 国土の緑化事業の推進（助成金の支給に限ります。） ⑪ 社会福祉を目的とする事業に対する助成 ⑫ ①〜⑪の2以上を合わせてその目的とするもの

田中社長「いろいろあるんじゃのう。まぁ、とりあえず、よさそうな特定公益信託を目指そうかのう。」

田村氏「公益信託は、「公益信託ニ関スル法律」に定められた制度ですが、先行している公益法人制度の改革に合わせるような形で見直しが進んでいますので、注意してくださいね。」

田中社長「心得た。早速準備に取り掛かろうかのう。」

田村氏「ちなみにおいくらくらいの財産でお考えでしょうか？」

田中社長「50 億牛丼コインじゃ。」

田村氏「円じゃないんですね……。社長、残念ながら特定公益信託は金銭でないと設定できません。」

第３編

商事信託

第 1 章

商事信託の分類

　商事信託においては、従来、金融監督の観点から、右記の図におけるような分類を行ってきました。

　右記の図で、一番左の「金銭の信託」、「物（金銭以外）の信託」、「包括信託（複数種類の受入信託財産）」は、信託の設定時における財産により分類しています。

　左から二番目の列に記載しているのは、信託終了時における財産による分類です。金銭信託は、金銭で受益者又は帰属権利者に交付されるものであり、金銭信託以外の金銭の信託は、信託の終了時の状態のまま、例えば、株式であれば株式のまま交付されるものです。

　左から三番目は、運用裁量権による分類です。無指定金銭信託は、運用方法が何も指定されていないもので、現在、この信託は実務では存在しません。指定金銭信託、指定金外は、運用裁量権が信託行為で指定された運用の方法、運用対象の範囲内で受託者が裁量権を持って運用するもので、特定金銭信託、特定金外は、信託財産の運用方法が、委託者によって特定されるものです。

　一番右の列は、信託財産を合同で運用するか、単独で運用するかの分類です。

【信託の分類】

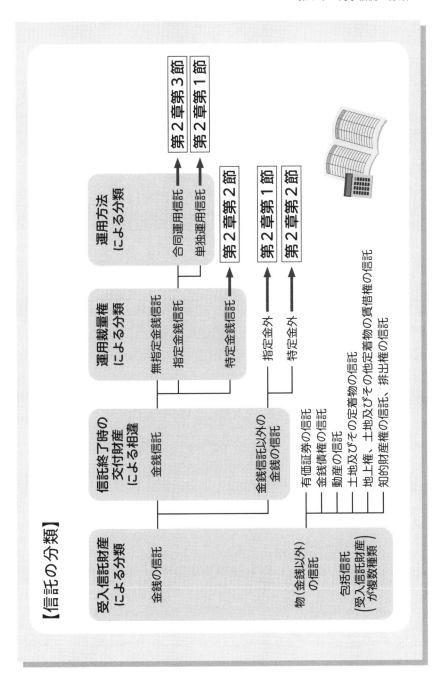

受入信託財産 による分類	信託終了時の 交付財産 による相違	運用裁量権 による分類	運用方法 による分類	
金銭の信託	金銭信託	無指定金銭信託		
		指定金銭信託	合同運用信託	第2章第3節
			単独運用信託	第2章第1節
		特定金銭信託		第2章第2節
	金銭信託以外の 金銭の信託	指定金外		第2章第1節
		特定金外		第2章第2節
物（金銭以外） の信託	有価証券の信託			
	金銭債権の信託			
	動産の信託			
	土地及びその定着物の信託			
	地上権、土地及びその他定着物の賃借権の信託			
	知的財産権の信託、排出権の信託			
包括信託 （受入信託財産 が複数種類）				

第 ②章

運用を目的とする信託

精密電子部品製造株式会社の大関コウモリ太郎社長は、本業の電子部品の市況がよくないことから、しばらくは、電子部品製造のための設備投資を休止し、M&Aや株式等での運用を考えていたところ、メインバンクの安心信託銀行から投資の相談会の案内があったことから、安心信託銀行の本店を訪れました。

投資の相談会では、安心信託銀行のストラテジストから、現在の株式市況における有価証券運用の投資戦略についての説明があった後、信託部の佐藤フクロウ次郎部長より、有価証券の運用をするための信託商品についての説明がありました。

佐藤部長「まず、事業会社の有価証券信託のツールとして最適な単独運用指定金銭信託と指定金外信という信託についてお話しします。

単独運用指定金銭信託（略して「指定単」といいます。）と指定金外信（「ファンド・トラスト」と呼んでいます。）は、いずれも、株式や債券等の有価証券の運用を目的とする信託です。事業会社等のお客さまが、委託者（兼受益者）となり、信託銀行等の受託者に金銭を信託し、受託者が、信託契約により指定された運用方法の範囲内で、受託者の裁量により信託財産の

運用を行う実績配当型の信託です。

　「指定単」、「ファンド・トラスト」のいずれも、信託財産の運用に伴う信託財産の決済事務や管理等、例えば、有価証券の売買発注・資金決済・有価証券の登録・管理は、受託者が行い、委託者（兼受益者）に運用状況と決算の報告を行います。

　委託者（兼受益者）は、信託財産の利殖を目的として単独で金銭を受託者に信託し、信託財産に帰属する運用損益、利子、配当は、信託報酬を控除後すべて受益者に帰属します。

　信託終了の際には、「指定単」は信託財産を換価処分した金銭で、「ファンド・トラスト」は有価証券等のそのままの状態（現状有姿）で受益者に信託財産が交付されます。

　「ファンド・トラスト」は、信託終了時に現状有姿の状態で信託財産が交付されるため、信託終了後も、信託財産の有価証券の含み損益を実現させることなく保有し続けることができます。

　事業会社が、株式等の有価証券を取得している場合、同じ銘柄については、投資のために取得しているか、持合い等、政策目的で保有しているかにかかわらず、すべて簿価が通算されてしまい、投資用だけ別会計で運用することができませんが、「指定単」、「ファンド・トラスト」で取得した株式等は、会計上、会社が本体で持っている有価証券の簿価とは分離して計上できます。これを「簿価分離」といいますが、株式等の運用には便利な制度ですね。」

大関社長「なるほど、有価証券運用を行う際に、信託を使うといろいろとメリットがあるのですね。」

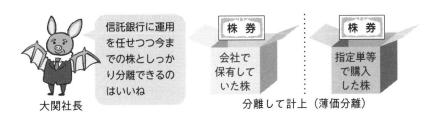

大関社長

信託銀行に運用を任せつつ今までの株としっかり分離できるのはいいね

株　券
会社で保有していた株

株　券
指定単等で購入した株

分離して計上（薄価分離）

佐藤部長「信託銀行は、運用のプロであり、運用を専門に行う優秀なファンド・マネージャーがそろっていますので、その点も大きなセールスポイントになります。」

【「指定単」「ファンド・トラスト」の仕組み】

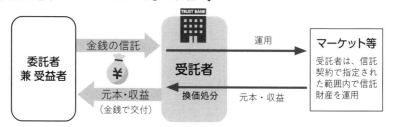

※ファンド・トラストは現状有姿で交付

第2節　特定金銭信託・特定金外信

佐藤部長「次に、特定金銭信託・特定金外信についてお話しします。

特定金銭信託（略して「特金」と呼んでいます。）と特定金外信（略して「特金外」と呼んでいます。）は、「指定単」や「ファンド・トラスト」と同様に、有価証券の運用等を目的とした信託です。事業会社等のお客さまが委託者（兼受益者）となり、信託銀行等の受託者に信託しますが、「指定単」や「ファンド・トラスト」とは異なり、受託者には、信託財産の運用裁量権がありません。」

大関社長「それじゃあ、誰が運用するのですか。」

佐藤部長「受託者への運用の指図については、お客さまである委託者自ら、又は、投資一任契約を締結した投資運用業を行う金融商品取引業者である投資顧問会社が行います。大関社長の会社で、株式運用ができる人がいれば、その人に任せる手もありますが、やはり、餅は餅屋で、投資顧問会社に任せることをお勧めします。ただ、先ほどお話しした「指定単」や「ファンド・トラスト」は、信託銀行が運用のすべてを行うため、簡便です。」

運用を任せたい投資顧問
会社がいるのであれば
"特金"をお勧めします

佐藤部長

投資顧問会社

大関社長「ところで、「特定」は、何をどこまで特定するのですか。」

佐藤部長「「特定」の定義は法的に明確化されていませんが、有価証券運用であれば、銘柄や数量、価格等について具体的に特定することをいいます。

　それから、「指定単」や「ファンド・トラスト」同様、信託財産の運用に伴う信託財産の決済事務や管理等、例えば、有価証券の売買発注・資金決済・有価証券の登録・管理は、受託者が行い、受託者は委託者（兼受益者）へ運用状況と決算の報告を行います。また、委託者は、信託財産の利殖を目的として金銭を受託者に信託し、信託財産に帰属する運用損益、利子、配当はすべて受益者に帰属します。信託終了の際には、「特金」は、信託財産を換価処分した金銭で、「特金外」は、有価証券等そのままの状態（現状有姿）で受益者に信託財産が交付されます。

　また、「特金」、「特金外」いずれも、「指定単」や「ファンド・トラスト」と同様に、簿価分離をすることができます。」

【投資顧問会社を使った「特金」「特金外」の仕組み】

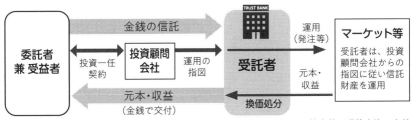

第3節　合同運用指定金銭信託

大関社長「元本が保証されているような信託はないのですか。」

佐藤部長「それなら、合同運用指定金銭信託という信託があります。

　　合同運用指定金銭信託は、1922年の信託業法の制定後に設立された信託会社が主力商品としていた信託で、その後、現在に至るまで、信託銀行の実務において、重要な役割を果たしてきました。

　　合同運用指定金銭信託は、多数の委託者と受託者が、1対1で、信託約款（各委託者同一のもの）に基づき信託契約を締結するもので、受託者が運用裁量権を持って、信託財産を合同で運用します。各信託の受益者には、合同運用された信託財産の持分が帰属します。

　　合同運用指定金銭信託には、「金銭信託（一般口）」と「実績配当型金銭信託」の2種類があり、「金銭信託（一般口）」は、内閣総理大臣の認可を受けた信託約款に基づき、元本補てん契約が付されており、かつ、預金保険の対象にもなっています。これらの点は、預金と似ており、安心ですね。ただ、配当は、現在の低金利下では、預金同様あまり期待することはできませんね。」

大関社長「合同運用指定金銭信託は、他に良いところはないのですか。」

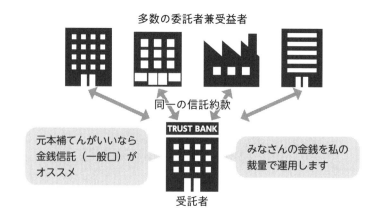

114

佐藤部長「「金銭信託（一般口）」は、小口（5000 円以上）で設定が可能で、自由な商品設計ができます。そのため、個人年金のように定期に定額の金銭を受け取ることができる特約を付すことや各種の信託商品、例えば、教育資金贈与信託等のベースの信託として活用されています。なお、「金銭信託（一般口）」については、信託財産の総額の 2 分の 1 を超えて、株式やデリバティブ等のリスクの高い投資商品で運用することが禁止されています。

　一方、「実績配当型金銭信託」は、信託銀行が運用による実績により配当を交付する信託で、元本の保証はありません。ローン債権信託やリース債権信託の受益権等で運用しており、「金銭信託（一般口）」と比較して、ややリスクの高い商品に投資しているといえます。」

大関社長「「実績配当型金銭信託」は、事業会社での安定的な運用に向いているかもしれませんね。また、「金銭信託（一般口）」についても、工夫次第で、いろいろなところに使えそうですね。」

【合同運用指定金銭信託の仕組み】

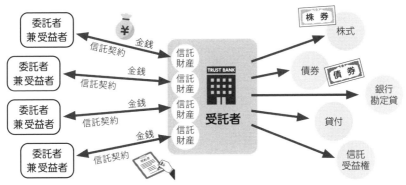

第4節　合同運用指定金銭信託の展開

　安心信託銀行の新人研修。この春入社した大河タイガー君は、佐藤部長に呼び止められました。

佐藤部長「大河君、君は毎日お昼に丼モノを食べていると聞くけど本当か

ね。」

大河君「はい、部長！　昨日は牛丼を食べました！　今日は豚丼の大盛にしようと昨日の晩から楽しみにしています！　スケジュール登録にも「豚丼大盛」と入力しました！」

佐藤部長「午前中の予定全部「豚丼大盛」になってるけど、まぁいいや、君が大好きな丼のご飯と同じように、合同運用指定金銭信託も様々な盛り付けで活用されていることは知っているかな？」

大河君「はい！　教育資金贈与信託などもベースはご飯だと聞きました！」

佐藤部長「もうご飯と合同運用指定金銭信託がごちゃ混ぜになってるね。しかしそのとおり、ちゃんと勉強しているようで安心したよ。では、最近社会問題としても注目されている高齢者の財産管理のための活用についても知っているかな？　ヒントは「認知症」だ。」

大河君「すみません、よく知りません……。しかし佐藤部長、本人が認知症になってしまうともう信託契約を締結することはできないのではないですか？」

佐藤部長「いい質問だね。君が心配したように、認知症になってしまった後にはもう信託契約を締結することはできない。それどころか、預金なども含めて、金融取引全般ができなくなってしまうんだ。一般的に「資金凍結」と呼ばれる状態だね。こうなると、家庭裁判所に成年後見の申立てをしなければならなくなる。そこで、各信託銀行は、認知症に備えることができる商品として、あらかじめ定めた家族などの代理人が本人の認知症発症後も払出手続きを行うことができる信託を展開しているんだ。この商品もベースは合同運用指定金銭信託だよ。」

大河君「実は実家の両親も丼モノが好きでして、両親が認知症になった後もちゃんと丼モノを買うお金を払い出せるように契約してもらおうと思います。」

佐藤部長「君のご両親はまだ50代だし、少し早いような気もするが、備えあれば憂いなしだね。ちなみに、本人が認知症になった後に活用されている「後見制度支援信託」という信託もあるよ。この信託は、裁判所が専門

職後見人に指示書を発行して設定される信託で、後見人による長期の財産
管理の負担軽減や、財産管理の方法をめぐるトラブルの防止を目的として
活用されているんだ。もちろんこちらもベースは合同運用指定金銭信託だ
よ。」

大河君「合同運用指定金銭信託ってすごいですね。今日から丼モノのご飯の
　　　方もより味わって食べたいと思います。」

佐藤部長「なんか、伝わったような伝わらなかったような……。まぁいいや、
　　　よく食べて立派な信託銀行員に成長してね。」

将来の認知症によ
る資金凍結が怖い

認知症になった後
の財産管理が不安

認知症に備えて資金凍
結を回避できる信託も
あります。ただしこの
信託は認知症になる前
に設定しておく必要が
あります

大河君

【後見制度支援信託の仕組み】

| 本人の
法定代理人 | 本人の
法定代理人 | 被後見人
（本人） | 定期交付
③（後見人が管理す
る預貯金口座へ
振込） | 信託銀行等 |

| 専門職後見人 | 親族後見人 | 委託者兼
受益者 | ②金銭を信託 | 受託者 |

①報告書の提出

②指示書の発行

家庭裁判所

第 3 章
投資信託

大関社長は、個人でも、株式運用をしています。ただ、銘柄を絞って投資しているために、儲かるときは大きく儲けることもあるのですが、大きな損失を被ることもしばしばです。そこで、個人の運用についても、相談したいと伝えたところ、プライベート・バンキング部の海野シャチ郎部長が、訪問してくれました。

投資信託の特徴は大きく分けて三つ！

| 少額の資金から投資が始められます。 | 「運用のプロ」に任せられます。 | 分散投資により安定した投資成果が期待できます。 |

海野部長

大関社長「今まで、個人で株式投資をやってきたのですが、個人でも、「指定単」や「ファンド・トラスト」は使えないのですか。」

海野部長「「指定単」や「ファンド・トラスト」は、少し小口化したものもありますが、おおよそ十億円単位のものになりますね。先ほどお話しした「実績配当型合同運用指定金銭信託」は、個人用として活用されていますが、株式運用であれば、投資信託はいかがでしょうか。」

大関社長「投資信託ですか。よく耳にしますが、信託銀行でも買えるのです

か。」

海野部長「投資信託とは、「投資信託及び投資法人に関する法律」に基づき、多数の者から資金を集めて金融資産等に投資する仕組みです。

　信託としては、特定金銭信託であり、委託者は投資信託委託会社、すなわち、「金融商品取引業者」であり、受託者は信託兼営銀行又は、信託会社に限定されており、受益者は、投資家（お客様）です。委託者が投資信託委託会社であり、顧客でないことが、一般の信託とは異なるところです。代表的なものとしては、資産の運用会社が投資信託委託会社となって、受託者である信託銀行等に投資する内容について指示をして、その投資の結果を投資家が受け取るものとなります。

　また、投資信託は、信託商品でありながら、受託者である信託銀行は、お客様である受益者が誰であるのか知りません。受益者と接触するのは、委託者である投資信託委託会社か、多くの場合、証券会社等の販売会社です。」

大関社長「投資信託という信託商品だから、信託銀行でも買えるということですか。」

海野部長「それは少し違いますね。投資信託ができた戦後には、銀行の商品と証券会社の商品とは、完全に分離されて取扱いがなされており、投資信託は、信託であることには間違いないのですが、もともと、証券会社の取扱商品でした。投資信託は、銀行や信託銀行が販売できる商品ではなかったのです。近年になって、金融の自由化により、銀行、郵便局、保険会社等にも、取扱いが認められるようになり、信託銀行でも販売ができるようになったのです。」

大関社長「投資商品としての投資信託のメリットは何ですか。」

海野部長「少額の投資資金でも多くの者から集めると多額の資金となるため、スケールメリットを得ながら、分散投資が図られること、基準価格制をとっているため、毎日時価評価がわかり、資産価値の把握が容易であること等のメリットがあります。」

大関社長「それは、魅力的ですね。投資信託にはいろいろな種類があると聞

きましたが。」

海野部長「そうですね、投資信託に組み込まれるものについては、株式や債券もありますし、不動産など様々なものがあります。国内外のものを組み込むことが可能ですので、投資先を日本やアメリカなど特定の国に限定するものもあれば、グローバルの株式を投資先としたり、国と資産の種類の双方について様々なものを組み込むものもあります。」

大関社長「投資信託の仕組みについても様々なものがあるのでしょうか。」

海野部長「日本における投資信託は、「投資信託（契約型）」と「投資法人（会社型）」の２種類があります。有価証券を運用対象とする証券投資信託は、ほとんどが投資信託（契約型）であり、不動産を運用対象とする不動産投資信託（J-REIT）は、投資法人（会社型）です。

　また、「投資信託（契約型）」には、委託者である投資信託委託会社が運用の指図を行う「委託者指図型投資信託」と受託者である信託銀行等が運用裁量権を持つ「委託者非指図型投資信託」の２種類がありますが、そのほとんどが、委託者指図型であり、投資信託というと、大体、この委託者指図型を指しますね。

　「委託者指図型投資信託」は、信託財産を委託者の指図に基づいて、主として有価証券等（特定資産）に対する投資として運用する信託であり、その受益権を分割して複数の者に取得させることを目的とするものです。」

大関社長「投資信託の具体的な仕組みについて教えてください。」

海野部長「それでは、代表的な委託者指図型投資信託の仕組みについて説明します。

【委託者指図型投資信託の仕組み】

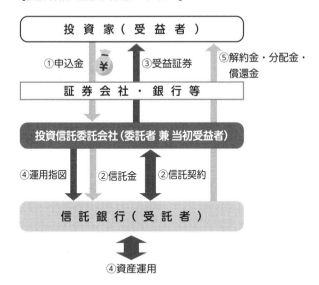

①　投資信託委託会社から委託を受けた証券会社・銀行等が投資信託の販売会社として、募集販売活動を行い、投資家から受け取った申込金を投資信託委託会社に引き渡します。

②　投資信託委託会社は、委託者となり、信託銀行と信託契約を締結し、①の申込金を信託します。

③　投資信託委託会社は、受益者である投資家に受益証券を発行し、販売会社である証券会社・銀行等を通じて投資家に交付します。

④　信託銀行は、投資信託委託会社の指図に基づき信託財産を株式、債券などに運用します。

⑤　信託銀行は、解約金・分配金・償還金を投資信託委託会社又は証券会社・銀行等を通して、投資家に支払います。

　なお、委託者指図型投資信託は、信託でありながら、受益者と受託者は直に接しないという特殊性があります。

　また、投資信託委託会社についても、投資家に直接受益証券の販売を行うことが認められています。」

第 4 章

年金信託

　人生100年時代。老後資金は2,000万円必要。巷でのニュースから、現在会社勤めの岸本イヌ代さん（35歳）は老後のことがやや心配になってきました。そこで、老後資金になりそうなものを考えてみました。老後資金としては国民年金、厚生年金といった公的年金のほか、退職金が思い浮かびましたが、イヌ代さんは勤め先企業には企業年金があったことを思い出しました。

　そこで、イヌ代さんは会社で関連する資料を確認し、「年金基金」から年金の支払いを受けることができることがわかりましたが、もっと仕組みを詳しく知りたいと思ったため、年金基金の問合せ窓口（担当：冨田キリン子さん）に連絡することにしました。

整理して、お話しします！

企業年金
国民年金
厚生年金
確定拠出
確定給付
運用会社

冨田氏　イヌ代さん

冨田氏「はい。問合せ窓口の冨田が承ります。」

イヌ代「老後のことが心配になり、企業年金のことについて詳しく知りたいと思ったのですが、簡単に仕組みを教えてください。」

冨田氏「わかりました。イヌ代さんの勤め先企業で運営されている年金制度は、確定給付企業年金です。これは簡単にいえば、企業から拠出してもらった掛金を原資として管理、運用して、将来年金として決められた一定額を受給者に給付するという仕組みです。積み立てられた掛金は、当基金が運用・管理します。

　また、イヌ代さんが老後に受け取ることができるのは、企業年金だけではありません。つまり、日本の年金制度は３階建ての構造といわれており、１階部分として20歳以上60歳未満の国民全員が加入する国民年金（基礎年金）、２階部分としてサラリーマンが加入する厚生年金保険といった職域の年金制度、そしてこれを補完する形で、企業年金である確定給付企業年金や確定拠出年金（企業型）などの３階部分があります。イヌ代さんは、民間会社のサラリーマンですので、老後は基礎年金と厚生年金保険から年金を受給することができますが、これに上乗せという形で、企業年金を受給することができるのです。」

【わが国の年金制度の概要】

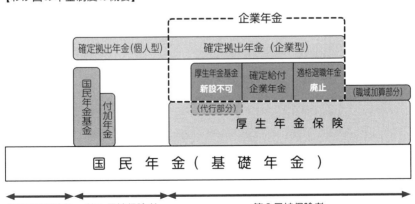

イヌ代「安心しました。ただ、受け取るのは今から30年くらい後になると
　　　思いますが、その間は企業年金の掛金はどうするのでしょうか。銀行に預
　　　けておくだけなのでしょうか。」

冨田氏「当基金では、掛金の管理・運用は安全信託銀行にお願いしていま
　　　す。」

イヌ代「安全信託銀行？　信託銀行が関わっているんですか？」

冨田氏「そのとおりです。当基金では安全信託銀行と年金信託契約を結んで
　　　います。つまり、当基金を委託者と受益者として、安全信託銀行を受託者
　　　として掛金を信託し、そのお金を安全信託銀行に管理、運用してもらい、
　　　年金を受給者に給付していきます。」

【確定給付年金の仕組み（基金型）】

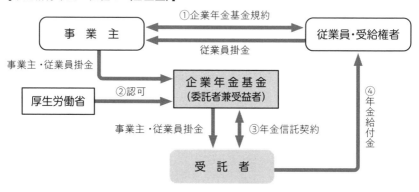

イヌ代「信託銀行って運用もやるんですね。」

冨田氏「そうなんです。信託銀行は、運用機関でもあるんですよ。安全信託
　　　銀行には年金資金を増やすために、運用の専門家であるファンドマネー
　　　ジャーという役割の人がいて、証券会社を通じて株式や債券などを売買し
　　　ています。」

イヌ代「そうなんですね。あまりイメージがなかったです。どのように運用
　　　しているのですか。」

冨田氏「運用するにあたっては「リスク分散」という考え方が重要です。例

えば一つの株式に全資金を投資していると、その株式を発行する企業が破綻したときには株式の価格がゼロになり年金資金もゼロになってしまいます。一方で、他の株式や債券に分散して投資している場合には、その分、損失を抑えることができます。このような分散投資を行うためには一定の資金規模が必要になるところ、当基金の資金だけでは不足しているため、当基金のみならず他の基金等の年金資金とまとめて合同して運用してもらうということを行っています。

　また、信託では、財産の所有者が受託者になりますので、株式に投資しているときのその株主は信託銀行ということになり、その株式を発行する企業の株主名簿にも信託銀行が記載され、信託銀行がその会社の株主総会で議決権を行使することになります。また、訴訟を行う場合も、信託銀行が原告といった当事者となります。」

イヌ代「餅は餅屋ということで、運用や管理はプロに任せた方がメリットが大きいように思いました。」

冨田氏「そうですね。なお、当基金では、年金資金の運用と管理はすべて信託銀行に任せているのですが、そのようなやり方とは異なり、運用や管理を別々の法人にお願いするという方法もあります。つまり、運用については「○○投資顧問会社」といった運用会社と契約する一方で、管理については、年金基金を委託者と受益者、信託銀行を受託者として、「特定金銭信託契約」を結び、掛金を信託します。この場合、信託銀行は運用会社の、例えば「A証券会社からZ株式を20株100円で購入せよ」といったような特定された指図に従って、株や債券による運用を行うことになります。」

イヌ代「この場合は信託銀行に運用する裁量はないというわけですか。」

冨田氏「そうです。その点が、当基金が現在結んでいる年金信託契約とは異なるところですね。当基金が現在結んでいる年金信託契約は、「指定金銭信託契約」と呼ばれる信託契約であり、この契約類型においては、例えば運用対象は株式に限るとか、TOPIXにリターンが連動するように運用するといった、委託者や受益者が指定した大枠の条件の範囲内で、信託銀行は裁量を持って株や債券の売買などの運用を行います。」

イヌ代「いろんな運用や管理のやり方があるのですね。そういえば、先ほど、企業年金には、私が加入している確定給付年金とは別に、確定拠出年金という年金もあるとのことでしたが、どのような年金なのですか。確定給付年金とは何が違うのですか。」

冨田氏「確定給付年金は、運用の結果にかかわらず受給できる年金額が決まっている一方で、確定拠出年金は、運用の結果によって受給できる年金額に増減が生じるという点に大きな違いがあります。そして、確定拠出年金では加入者である従業員自らが運用行為を行うという点も特徴の一つです。なお、これに関して、確定拠出年金の積立金の管理を行うために、信託契約が締結される場合があります。つまり、確定拠出年金は、実施主体が事業主である企業型と、実施主体が国民年金基金連合会である個人型がありますが、特に企業型の場合には事業主を委託者、加入者又は受給権者を受益者、信託銀行を受託者として、「特定金銭信託契約」を締結し、掛金を信託します。そして従業員などの加入者は、「Ｂという投資信託をＺ証券会社から購入せよ」といったような特定された運用指示を「レコード・キーパー」と呼ばれる運営管理機関を介して受託者に対して行い、受託者はそれに従って運用します。そして、老後は、積み立てた資産から、受給権者として年金を得ることになります。」

イヌ代「へえー。自分で運用するのですね。運用がうまくいけばいいけれども、失敗したら年金が減ってしまうのですね。」

冨田氏「確定給付年金の場合は、運用がうまくいかなくても、会社がその分を追加で出してくれますが、確定拠出年金の場合は、自己責任ということになりますね。」

【確定拠出年金（企業型）の仕組み】

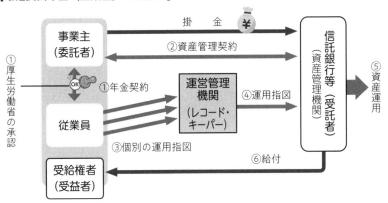

第 5 章

資産の流動化

会社が事業を行うためにはお金が必要となります。近年、信託を活用してお金を調達することも行われています。資産流動化あるいは証券化といわれている方法です。

安全リース株式会社は、銀行から資金を借り入れ、その資金でリースとファイナンス事業を行っていますが、銀行から借入金利を上げるとの通知があり、同社の鈴木タヌキ太郎社長は、銀行に依存しない何かいい資金調達の方法はないかと考えて、弁護士の後藤龍之介先生のところに相談に来ました。

融資以外のよい
資金調達の方法は
ないだろうか

"流動化"という
方法があります

鈴木社長　　後藤先生

第1節　金銭債権の流動化（金銭債権信託）

鈴木社長「後藤先生、私の会社は、リースとファイナンス事業を中心に展開していますので、元手はお金です。現在はいくつかの銀行から借入れをしていますが、他に何かいい方法はないものでしょうか。」

後藤先生「まず、考えられるのは新株の発行ですね。御社は上場されていませんので、どこか出資先を探すことになりますが、どこかあてがありますか。」

鈴木社長「それは考えましたが、なかなか出資してくれるところは見つかりません。」

後藤先生「それでは信託を使ってみますか。資産の流動化という方法です。証券化と呼ばれることもありますね。」

鈴木社長「それはどのようなものですか。」

後藤先生「御社にはリース債権や貸付債権がたくさんあると思うのですが、それらの債権はどうしていますか。」

鈴木社長「銀行からの借入金の担保に差し入れています。」

後藤先生「なるほど。ただ、残っているものもありますよね。あと、別に資金調達する手段ができれば、銀行からの借入れを減らしてその担保に差し入れているリース債権や貸付債権を使うことはできますか。」

鈴木社長「もちろん、有利な条件で資金が調達できるのであれば、使えます。」

後藤先生「リース債権や貸付債権を信託銀行に信託することによって資金調達するという方法があります。信託銀行を紹介しますので、そこで相談してみてください。信託を設定するので、信託銀行との取引をすることになります。」

　そこで、鈴木社長は、後藤弁護士から紹介を受けた安全信託銀行の資産金融部の佐久間コアラ太郎部長のところに相談に行きました。

鈴木社長「私は、主に、リースとファイナンス事業を行っている安全リース株式会社という会社を経営していますが、弁護士の後藤先生から、信託を使ったいい資金調達の方法、確か資産流動化とか、証券化とかいう信託を使った方法があると聞いてやってきました。」

佐久間部長「後藤先生から大体のことは聞いています。株式の発行や銀行からの借入れとは別の資金調達手段をお望みと聞いています。」

鈴木社長「それも有利な条件でです。」

佐久間部長「会社がお金の調達を行う場合は、一般に、その会社の信用力によって、その会社が所有する不動産や、御社であればリース債権等の資産を担保にして借入れ（又は社債の発行）を行うことが考えられますが、今からお話しする資産流動化の手法は、会社の信用力の影響から切り離し、流動化対象資産が生み出すキャッシュ・フロー、言い換えると「資産の価値、信用力」のみに基づき資金を調達する方法です。そのために信託を活用します。この方が、借入れ等よりも有利な条件で調達できる場合があるのです。」

鈴木社長「何かよさそうな方法ですね。調達の条件の他にも何かいいことはありますか。」

佐久間部長「資金調達を借入れにより行うと、貸借対照表の負債が膨らみ、財務体質が悪化しますが、資産流動化によれば、流動化の対象資産も負債も貸借対照表には計上されませんので、財務体質が向上します。さらに、保有している「資産の価値、信用力」に基づき調達するため、会社の信用力に左右されない新たな資金調達手段を確保することが可能となります。」

鈴木社長「具体的に教えてください。」

佐久間部長「それでは、金銭債権の流動化について説明します。金銭債権の流動化のための信託は、信託銀行等の受託者が、金銭債権を信託財産として受託し、その債権の管理・処分等を目的とする信託です。まず、安全リース株式会社が委託者となって、リース債権や貸付債権を信託します。御社が保有しているリース債権や貸付債権は、そのまま、投資家に売却することもできなくはないですが、投資家にとっては、どこの会社かわからない債権であることや単位が数十万円や数百万円と小さいことから難しいでしょうね。そこで、まずリース債権や貸付債権をまとめて当社安全信託銀行に信託していただきます。当社は御社から信託していただいた債権の受託者になり、御社はそれと引き換えに当社に対する信託受益権を得ます。リース債権や貸付債権のままでは投資家に販売することはできませんが、信託受益権にすれば、投資家への販売も容易になります。当社が投資家を見つけてくることもできますし、信託受益権を金融商品取引業者に販売してもらうこともできます。また、投資家のニーズに応じて、信託受益権を複層化といってローリスク・ローリターンの優先受益権と、ハイリスク・ハイリターンの劣後受益権とに切り分けて作りこむこともできます。このような方法により、資金の早期回収（資金調達）をすることができ、また、オフバランス化を図ることができるということです。

　金銭債権信託を利用した資産の流動化の仕組みは、次のとおりです。

【金銭債権信託の資産の流動化の仕組み】

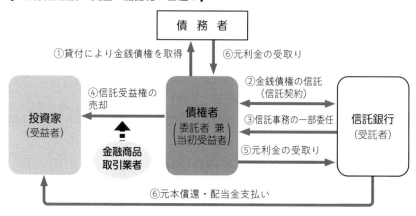

① 債権者は、債務者との間の貸付契約等に基づき、金銭を貸し付けて金銭債権を取得します。

② 債権者は、信託銀行等と信託契約を締結し、取得した金銭債権を信託し、それと引き換えに信託受益権を取得します。信託を受けた信託銀行等は金銭債権の受託者となります。債権者は、この信託の委託者であり、当初の受益者となります。

③ 信託銀行等は、信託を受けた金銭債権の取立て等の信託事務の一部を委託者である債権者に委任する契約を締結します。そのことにより、信託された金銭債権の債務者は、委託者である債権者との取引関係を維持することができます。

④ 債権者は、自ら、又は金融商品取引業者を介して信託受益権を投資家に販売します。

⑤ 債権者は、信託受益権の販売代金を受け取ります。

⑥ その後、債権者は、③の委任契約に基づき、債務者から弁済金を回収します。

⑦ 債権者は、債務者から回収した弁済金を、③の委任契約に基づき、信託銀行等に交付します。

⑧ 信託銀行等は、その回収金から、投資家に信託受益権の配当と元本の

償還金を交付します。

　このモデルは、最もシンプルなものですが、実際には、先ほど申し上げたとおり、受益権を優先劣後構造にして、劣後受益権は債権者がそのまま保有し、優先受益権だけを投資家に販売することが多いです。債権の回収金はまず優先受益権の配当、償還に充てられ、余った分が劣後受益権の配当、償還に充てられます。したがって、回収金が目減りした場合でも優先受益権には影響は小さく、投資家は安心して優先受益権を購入できるわけです。ただ、一口に投資家といっても、極力リスクをとりたくない投資家からある程度リスクをとっても高配当を望む投資家まで、様々な種類の投資家がいますので、優先受益権を更に細かく優先劣後に分け、多様な種類の投資家に購入してもらえるような工夫がなされることもあります。」

鈴木社長「よくわかりました。でも、もし当社が倒産してしまったら、信託銀行に預けている債権も、当社の財産の一部として、当社の債権者への配当に充てられてしまうということはありませんか。そうしたら、信託受益権を購入した投資家の方に回収金が回らなくなってしまいませんか。」

佐久間部長「そうですね。そこはとても重要なポイントです。　委託者が財産を信託するとき、その財産は受託者に譲渡され、委託者の財産からは切り離されるというのが原則です。その原則どおりであれば、委託者が倒産しても、委託者の債権者は、信託した財産には手は出せません。でも、その財産の信託は名目上のものであって、実質はその財産を担保に資金調達しただけだと裁判所が認定すると、信託した財産は委託者の財産に含まれて委託者の債権者の配当に回ってしまうことになります。

　この問題は「真正譲渡」の問題といわれ、どのようにすれば「真正譲渡」として裁判所に認めてもらえるかということについて、長年議論されてきました。今では、信託契約でこのように定めれば「真正譲渡」が疑われることはないという基準がかなりはっきりしていて、弁護士にこの信託は真正譲渡ですという意見書を出してもらうこともよくあります。」

信託されている
リース債権も含め
て回収します！

倒産
借用書

信託契約が真正
譲渡であること
は確認済みで
す！

鈴木社長「なるほど。よくわかりました。もう一つ、質問させてください。受託者である信託銀行が倒産した場合はどうなるのですか？　御社の場合は万が一にもそのようなことはないかと思いますが、昔の金融危機のようなことがまた起こらないとも限らないでしょう。」

佐久間部長「そこも、重要なポイントですね。信託法では、信託財産の独立性ということが定められています。どういうことかというと、受託者が委託者から信託を受けた信託財産は、信託財産が債権である場合、信託法に定める分別管理義務をしっかり履行していれば、受託者の債権者による強制執行の対象から外れ、受託者が倒産しても、倒産手続きの対象となる財産には含まれず、受託者の債権者への配当の引当てにはならないのです。また、受託者が倒産して、受託者としての業務を行えなくなったら、新しい受託者が選任され、その新しい受託者が信託財産をそのまま引き継いで信託は継続することになっています。

　ですから、受託者が倒産しても、信託受益権を持っている投資家は、基本的に心配する必要はないのです。」

鈴木社長「そうですか。それで資産の価値や信用力のみに基づく資金調達ができるようになるのですね。大変よくわかりました。早速、リース債権をまとめて信託することを検討してみます。」

第2節　不動産の流動化

鈴木社長「ところで、私は、この会社とは別に安心不動産株式会社という会社を経営しています。この会社も、不動産の開発にはお金がかかります。資金調達は、銀行借入れによっていますが、同じように、不動産業におい

ても、流動化の手法を使って資金調達をすることができますか。」

佐久間部長「不動産を資産流動化の対象財産とすることはできますが、リー
　ス債権とは少し違う仕組みになります。財産を信託して信託受益権に変え
　るところまでは同じですが、信託受益権を直接投資家に売るのではなく、
　投資家から資金を調達する SPC（特別目的会社）と呼ばれる会社や REIT と
　呼ばれる投資法人に売却して資産の流動化を行います。」

鈴木社長「難しそうですね。」

佐久間部長「他にも、アセット・マネジャーやプロパティ・マネージャーと
　いった業者や、匿名組合といった仕組みがからんできます。少し複雑にな
　りますが、いいですか。」

鈴木社長「もちろんです。説明してください。」

佐久間部長「それでは、REIT の話はまたの機会にして、ここでは SPC に
　信託受益権を売却する仕組みをご説明しましょう。この仕組みの場合、御
　社は、当社に不動産の管理処分を目的とした信託を設定して、それと引き
　換えに得た信託受益権を、流動化のために作った SPC に売却することに
　より、資金調達を行います。その SPC は、御社に支払う信託受益権の購
　入代金の資金を、購入した信託受益権を裏付けとして、匿名組合の出資や
　借入れなどの方法により、投資家から調達するのです。」

鈴木社長「もう少し、わかりやすく説明してください。」

佐久間部長「不動産管理処分信託を利用した資産の流動化の仕組みは、次の
　とおりです。

【不動産管理処分信託と SPC を活用した流動化の仕組み】

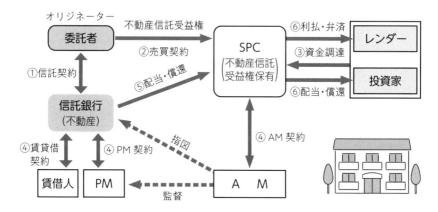

①　不動産の所有者である委託者は、信託銀行等に不動産の管理処分を目的として不動産を信託して引き換えに信託受益権を取得します。信託を受けた信託銀行等は、受託者として不動産の管理処分を行います。安心不動産株式会社は、この信託の委託者であり、また当初の受益者となります。

②　委託者は、SPC に対して信託受益権を売却します。

③　SPC は、②の信託受益権の購入資金を、銀行等の金融機関からの借入れ（ノンリコースローンという責任財産が信託受益権に限定された借入れ）と、投資家からの匿名組合出資で調達します。

④　SPC は、受益者としての権利の行使をアセット・マネージャー（AM）と呼ばれる会社に委託し、信託銀行等に信託財産となっている不動産の管理や処分の方法について指図します。信託銀行等は、その指図に基づき、テナントへの賃貸と地代・家賃の収受、不動産管理に伴う修繕・清掃等の実施、諸費用・税金等の支払い等の賃貸業務をプロパティ・マネージャー（PM）と呼ばれる会社に委託して行います。

⑤　信託銀行等は、受託者として一定期間ごとに信託財産について決算を行い、賃料収入等から必要経費・税金・積立金等を差し引いた残額を、信託配当として SPC に交付します。

⑥　信託期間満了時は、信託銀行等が受託者として当該不動産の売却活動を行い、売却代金から売却費用等を差し引いた残額を SPC に交付します（信託元本の償還）。ただし、信託銀行等が当該不動産を現物で売却するのではなく、SPC が信託受益権を売却することもあり、むしろこちらの方が一般的です。信託受益権を売却する場合には、不動産取得税等の減免を受けることができるからです。

⑦　SPC は、⑤や⑥により得た資金で、金融機関に対するローンの弁済と投資家に対する匿名組合出資の配当や返還を行います。」

鈴木社長「なるほど。不動産の流動化の場合も、受益者が受け取る信託受益権の配当や償還が委託者や受託者の信用力の影響を受けないという点は、金銭債権の流動化の場合と同じと考えてよいのですね。」

佐久間部長「そのとおりです。」

鈴木社長「うちのグループ会社にも資産流動化の対象となりそうな資産がいろいろあることがわかりました。資産を担保に金融機関から借り入れる資金調達とは別に、信託を使った資金調達の可能性があるということはとても心強いことです。これからますます勉強してみます。ありがとうございました。」

第 6 章

財産の保全のための信託

第1節 エスクロー信託

　信託には、資産を保全することにより、担保的な機能を発揮することもできます。

　堀田ラクダ子さんは、友達の結婚式に着ていった着物がいらなくなったので、売却しようと思いましたが、今、着物をお店で売ろうとしても、安い価格でしか売れないことは明らかです。

　そこで、ラクダ子さんは、日本舞踊のお稽古仲間がその着物を大変気に入り、譲ってほしいと言っていたことを思い出しました。そして、電話でその着物を譲る相談をしたところ、即決で100万円で売ることになりました。

　ところが、そのお稽古仲間の稲葉カンガルー子さんは、現在、転勤で北海道に住んでおり、着物とお金の受渡しを同時に行うことができません。

　そこで、ラクダ子さんは、笹川イノシシ介弁護士のところに相談に行き、上記の事情を説明しました。

笹川先生「ラクダ子さんは、カンガルー子さんのことが信用できないのですか。また、カンガルー子さんもラクダ子さんのことが信用できないのですか。」

ラクダ子「特にそういうことはないのですが、日本舞踊のお稽古で何回かお会いしただけで、お互いのことをほとんど知りませんので、少し心配なのです。」

笹川先生「わかりました。それでは、「エスクロー信託」を使ってみましょう。「エスクロー信託」は、信託銀行で取扱いがされていますが、数億円程度の案件でないと引き受けてもらえないと思います。この場合は、1回だけの話ですので、お互いが信頼している日本舞踊の先生にでも、受託者になってもらって、民事信託で行ったらどうでしょう。」

ラクダ子「その前に、エスクローとは何なのですか。また、エスクロー信託とは、どのようなものですか。まず、それを教えてくださいよ。」

笹川先生「エスクローとは、一般に、売買等の商取引において、売買取引の目的物とその代金の引渡しが確実に行われるために、売手と買手のお互いが信頼できる第三者に、売買等の目的物とその代金を預託し、一定の条件の充足が確認された後に、その目的物と代金を引き渡すことにより、取引の安全を確保する仕組みのことで、それを信託の仕組みを使って行うのがエスクロー信託です。現在、エスクローは、最近盛んになっているインターネットによる個人間の売買においても広く活用されているようです。」

ラクダ子「それでは、具体的に教えてください。」

笹川先生「具体的には、着物の買主であるカンガルー子さんが委託者となって、受託者である日本舞踊の先生に着物の代金相当の 100 万円を信託し、着物の売主であるラクダ子さんが、着物の引渡しを条件とする元本受益者となる信託です。」

【エスクロー信託の仕組み】

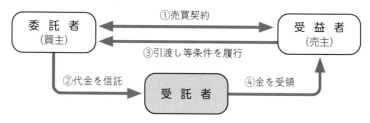

① あるものの売買を行うに際して売主と買主の間で売買契約を締結します。

② 買主は委託者となり、売主を受益者とする信託を設定し、受託者に売買代金相当額を信託します。

③ 受益者である売主は、買主にものの引渡しを履行します。

④ 受益者である売主は、代金を受託者から受け取ります。

第2節　弁済資金保全信託

　財産を保全するための信託は、次のような場合にも利用されています。

　安心不動産株式会社は、信頼不動産株式会社と合併することになり、合併の手続きの一つとして安心不動産株式会社の債権者に合併についての公告と催告を行ったところ、安心不動産株式会社に対して損害賠償請求訴訟を提起していたクレーム株式会社から合併についての異議の申述がありました。安心不動産株式会社は、この訴訟には勝訴するものと考

えていましたが、会社法では、異議申述があると、その損害賠償債務が確定していないにもかかわらず、その額を弁済するか、担保の提供をするか、信託をするか、のいずれかの方法をとらなければなりません。そこで、安心不動産株式会社の高杉キツネ子社長は、同社の顧問弁護士の笹川イノシシ介弁護士のところに相談に来ました。

高杉社長「今般、わが社（安心不動産株式会社）は、信頼不動産株式会社と合併することになり、公告と催告手続きをしたところ、わが社に損害賠償請求訴訟を提起していたクレーム株式会社から合併についての異議の申述がありました。その訴訟は、言いがかりのようなもので、間違いなく勝てると思いますので、放っておくとまずいですか。」

笹川先生「まずいです。会社法で、合併について債権者から異議申述があった場合には、①「弁済」、②「相当の担保提供」、③「弁済を受けさせることを目的とした相当の財産の信託」のいずれかの債権者保護手続きをとらなければならないということが定められています。」

高杉社長「訴訟は勝つに決まっているので、何もする必要はないのでは？」

笹川先生「放置して、いずれの債権者保護手続きをとらずに、万が一負けたような場合や長期間決着がつかない場合には、合併の登記ができなくなるおそれがあります。つまり、合併できなくなることもあるということです。」

高杉社長「それは大変ですね。ただ、その訴訟に勝つのがわかっているのに、損害賠償金を払うことはあり得ないし、担保を差し入れるのも嫌ですね。

そうすると信託をすることになりますが、何をどうすればいいのですか。」

笹川先生「「弁済資金保全信託」を使います。」

高杉社長「どのような信託なのですか。」

笹川先生「「弁済資金保全信託」は、会社法449条5項、789条5項に基づく、債権者保護のための信託で、会社の合併・分割・減資・法定準備金の取崩等において、異議申述した債権者の債権の存在が確定した場合、例えば、本件のように、会社に損害賠償請求権を有する債権者が訴訟に勝訴するまでの間に、債権者に弁済を受けさせるための信託財産の管理・処分を目的とする信託です。」

高杉社長「具体的に教えてください。」

笹川先生「安心不動産株式会社が委託者となり、異議申述をしてきた債権者であるクレーム株式会社を停止条件付きの受益者として、相当の財産を受託者へ信託します。その停止条件については、その訴訟に関する判決や和解等により安心不動産株式会社の弁済義務と金額が確定した上で、債権者が受益の意思表示を行うことになります。なお、この信託は、停止条件の成就までの間は、受益者が現に存しない信託として取り扱われます。もしも、その訴訟に敗訴した場合には、その信託により、裁判で確定した金額が支払われ、弁済金額以上の信託財産については、委託者で帰属権利者である安心不動産株式会社へ戻されます。もちろん、勝訴した場合には、停止条件が成就しなかったことになりますので、安心不動産株式会社に戻されます。」

【弁済資金保全信託（会社法上の債権者保護のための信託）の仕組み】

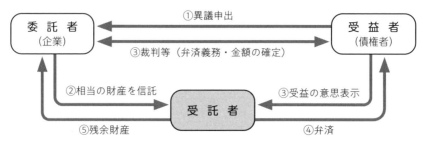

① 　会社法上の債権者保護手続きが必要とされる債権者から債務者に対する異議申出が行われます。
② 　債務者である委託者は、当該債権額をカバーできるだけの相当の財産を信託銀行等に信託します。
③ 　委託者の裁判の敗訴等により、当該債権の存在と金額が確定します。
④ 　受託者は、③で確定した金額を受益者である債権者に給付します。
⑤ 　受託者は、④で受益者に給付した残余財産を委託者に交付します。

第 7 章

土地信託

　田中熊五郎さん（75歳）は、疎遠になっていた父親田中シロクマ三郎さんが115歳で他界し、その父親が所有していた東京都港区の一等地にある土地（更地）を相続することになりました。

相続

父（115歳）他界

（港区一等地）

田中熊五郎
（75歳）

土地は売却しようとも思ったが、今後、土地が高騰することもあり得るので、売却はやめて、土地の上に商業ビルか賃貸マンションを建設して、その賃料収入でリッチな老後を送ろう

　熊五郎さんは、当初、相続した土地を売却することも考えましたが、今後、土地が高騰することも考えられるので、結局、売却するのを取りやめ、相続した土地の上に商業ビルか賃貸マンションを建設して、その賃料収入によりリッチな老後を送ろうと考えました。

　そこで、まず、手始めに、近くの銀行にビルの建設資金の借入れの相談に行ったのですが、即座に、断られてしまいました。多分、不動産業の経験もない75歳の高齢者が、商業ビルや賃貸マンションの経営を行うことは、難しいと考えたのでしょう。

　困った熊五郎さんは、知り合いの後藤龍之介弁護士のところに相談に行ったところ、後藤弁護士からは、この件については、プロの信託銀行に任せた方がいいとのアドバイスがあり、安全信託銀行の本店の財務コンサルタントの田村獅子太郎氏を紹介されました。

　熊五郎さんは、早速、安全信託銀行の本店に行き、田村獅子太郎氏に会って、自分が相続した土地を利用して豊かな老後を送るための資金を作れないかとの相談をしました。

　田村氏は、熊五郎さんの年齢、財産の状況やニーズ等を聞いて、その土地に商業ビルを建設し、不動産賃貸を目的とする土地信託を設定したらどうかと提案をしました。

　熊五郎さんは、土地信託について、田村氏にいろいろなことを質問しています。

熊五郎「土地信託とは、どのような信託なのですか。」

田村氏「土地信託とは、土地の所有者である委託者が、信託銀行等の受託者に土地を信託し、受託者は、その土地の上に建物を建設し、その建物を賃貸等の方法により有効活用を図り、その成果を信託配当として委託者兼受益者に交付するものです。お客様（熊五郎さん）は、当社（安全信託銀行）と信託契約を締結して港区の土地所有権を受託者である当社に移転し、代わりに信託受益権の交付を受けます。」

熊五郎「土地信託の仕組みについて教えてください。」

田村氏「次のような仕組みになっています。順を追って説明していきますね。

　まず、①安全信託銀行は、土地の上に建設するビルの建築資金を安心銀行から借り入れますが、この借入れについては、安全信託銀行は、銀行業務を行っていますので、安全信託銀行の別の信託のお金を借入れすることがよくあります。

　次に、②安全信託銀行は、四井建設会社と建築工事の請負契約を締結し、

145

安心銀行からの借入金で、四井建設会社にビルを建ててもらいます。

　③安全信託銀行は、ビルが完成した段階で、四菱不動産管理会社との間でビルの管理契約を締結し、四菱不動産管理会社は、そのビルの管理を行います。

　④安全信託銀行は、テナントを募集して賃貸借契約を締結し、テナントに部屋を賃貸します。

　⑤安全信託銀行は、テナントから賃料を受け取り、四菱不動産管理会社に管理料を支払い、安心銀行（又は安全信託銀行の別の信託）からの借入金の元利金の弁済を行い、さらに、安全信託銀行の信託報酬を控除した残りの資金を配当としてお客様（熊五郎さん）に支払います。」

熊五郎「土地信託のメリットについて教えてください。」

田村氏「信託には、財産の所有者が委託者から受託者に転換するという機能があります。本件の場合、75歳のお客様（熊五郎さん）から信託銀行に土地の所有者が代わるという機能です。

　すなわち、土地の所有者が、不動産管理・運用の経験がないお客様（熊五郎さん）というお年寄りから不動産の専門家であり法人の安全信託銀行に代わります。

　この転換により、専門的知識がない土地所有者でも、建設工事の発注、資金調達、テナント募集、管理等のすべてを専門家である安全信託銀行が行いますので、手間ひま、ノウハウ一切が不要です。

　次に、一般には信用力のないと考えられる個人のお年寄りから潤沢な資金を有する信託銀行に代わります。この転換により、建物建設資金を借り入れる場合には、受託者である信託銀行が借入人になることから、好条件（低い金利）で借入れすることができます。

　また、土地所有者であるお客様（熊五郎さん）が、信託設定後に認知症になった場合でも、さらに、死亡した場合でも、不動産賃貸事業は有効に継続することができます。

　すなわち、信託の設定により、信託財産の所有者が転換され、土地を売却や賃貸することなく、有効利用を図ることができるメリットがあるとい

うことです。」

名義変更

面倒な手間は
信託銀行が実施

発注　募集　管理　資金
調達

負担（名義）は信
託銀行に行ったけ
ど、利益（受益権）
は自分に

事 項 索 引

監修・著者／編著者／執筆者一覧

●監修・著者

田 中 和 明 （たなか かずあき）

（序章／第1編第1章／第2編第3章・第4章／第3編第6章・第7章　担当）

三井住友信託銀行株式会社　法務部研究主幹

公益財団法人トラスト未来フォーラム　研究主幹

東北大学法学部客員教授、慶應義塾大学大学院法務研究科非常勤講師、関西学院
　大学法学部非常勤講師、元一橋大学法学部客員教授ほか

法制審議会臨時委員（信託法部会）2004年10月〜2016年6月

一橋大学博士（経営法）

【主な著書・論文】

　『詳解　信託法務』（清文社　2010年）、『信託法案内』（勁草書房　2019年）、
『改訂　信託の理論と実務入門』公益財団法人トラスト未来フォーラム編（共著
日本加除出版　2020年）、『信託の80の難問に挑戦します！』井上聡監修・田中
和明編著（共著　日本加除出版　2021年）、『現代の信託法』樋口範雄・神作裕
之編著（共著　弘文堂　2018年）、『新類型の信託ハンドブック』田中和明編著
（共著　日本加除出版　2017年）、神田秀樹編『中国信託法の研究』（共著　日本
加除出版　2016年）、『信託法セミナー(1)〜(4)』能見善久・道垣内弘人編（共著
有斐閣　2013年〜2016年）他多数

●編著者

伊 庭 　 潔（いば きよし）（第1編第2章・第4章　担当）

弁護士（下北沢法律事務所）

中央大学研究開発機構教授、筑波大学大学院非常勤講師

日弁連信託センター　センター長

日本弁護士連合会高齢者・障害者権利支援センター　運営委員

【主な著書・論文】

『信託法からみた民事信託の実務と信託契約書例』（編著　日本加除出版　2017年）

『信託法からみた民事信託の手引き』（編著　日本加除出版　2021年）

後　藤　　　出（ごとう　いずる）（第3編第5章　担当）

弁護士・ニューヨーク州弁護士（シティユーワ法律事務所）

【主な著書・論文】

「資産流動化取引における真正譲渡」（金融・商事判例増刊1636号　2022年）

『デジタル化社会における新しい財産的価値と信託』（共著　商事法務　2022年）

『新類型の信託ハンドブック』（共著　日本加除出版　2017年）

●執筆者

笹　川　豪　介（ささがわ　ごうすけ）
（第1編第3章・第5章・第6章／第3編第3章　担当）

弁護士・LINE Pay株式会社執行役員CISO IT統制本部長

中央三井信託銀行（現三井住友信託銀行）入社、2011年弁護士登録、2014年〜2016年岩田合同法律事務所。2019年より、インハウスハブ東京法律事務所、LINE株式会社情報セキュリティ室等を経て現職

【主な著書・論文】

『Q&Aでわかる！　デジタル遺産の相続』（きんざい　2021年）、『Q＆A民事信託の活用と金融機関の対応』（経済法令研究会　2018年）他多数

杉　山　苑　子（すぎやま　そのこ）（第１編第２章・第４章　担当）

弁護士（青木・杉山・成瀬法律事務所）
名古屋大学法科大学院客員准教授
日弁連信託センター　副センター長

【主な著書・論文】

「信託終了に係る信託行為の定め～法務の視点から～」信託フォーラム vol.17（日本加除出版　2022 年）、「民事信託と後見制度の地位の兼併及び後見人の代理権行使について」新井誠先生古希記念論文集「成年後見・民事信託の実践と利用促進」（日本加除出版　2021 年）

田　村　直　史（たむら　ただし）
（第２編第５章・第６章・第７章／第３編第１章・第２章　担当）

三井住友信託銀行株式会社　人生 100 年応援部　次長兼企画チーム長
三井住友トラスト・資産のミライ研究所　主任研究員

【主な著書・論文】

『改訂　信託の理論と実務入門』公益財団法人トラスト未来フォーラム編（共著　日本加除出版　2020 年）

「我が国での「ファイナンシャル・ウェルビーイング」浸透に向けた信託及びフィデューシャリー・デューティーの発想からの包摂対応」信託フォーラム Vol.18（日本加除出版　2022 年）

辻　内　喬　之（つじうち　たかゆき）
（第２編第５章・第６章・第７章／第３編第１章・第２章　担当）

三井住友信託銀行　人生 100 年応援部　調査役

【主な著書・論文】

『最高の終活』三井住友信託銀行「終活サポート研究会」編著（金融財政事情研究会　2023）

豊　田　将　之（とよた　まさゆき）

（第2編第1章・第2章／第3編第4章　担当）

大和リアル・エステート・アセット・マネジメント株式会社　経営企画部兼リスク管理・コンプライアンス部　マネージャー

やさしい信託法

2023年6月12日　初版発行

監修・著者	田	中	和	明
編 著 者	伊	庭		潔
	後	藤		出
	笹	川	豪	介
著 者	杉	山	苑	子
	田	村	直	史
	辻	内	喬	之
	豊	田	将	之
発 行 者	和	田		裕

発行所　日本加除出版株式会社

本　　社　〒171-8516
東京都豊島区南長崎3丁目16番6号

組版・印刷　㈱亨有堂印刷所　製本　牧製本印刷㈱

〒171-8516
東京都豊島区南長崎3丁目16番6号
日本加除出版株式会社　営業企画課
電話　　03-3953-5642
FAX　　03-3953-2061
e-mail　toiawase@kajo.co.jp
URL　　www.kajo.co.jp

© 2023
Printed in Japan
ISBN978-4-8178-4890-1